監修者——佐藤次高／木村靖二／岸本美緒

［カバー表写真］
コールブルックデール橋，通称アイアンブリッジ，シュロップシャ
（1779年建設）

［カバー裏写真］
フォード・マドックス・ブラウン「ジョン・ケイ　飛び杼の発明者 1753年」
（マンチェスター市庁舎蔵）

［扉写真］
ダービーシャの製鉄業
（ジョセフ・ライト「ある鍛冶場の光景」1772年）

世界史リブレット116

産業革命

Hasegawa Takahiko
長谷川貴彦

目次

新しい産業革命像を求めて

二〇〇九年三月十日、英国郵政公社(ロイヤル・メール)は、「変化の潮流」と題して「産業革命の開拓者たち」という記念切手を発行した。肖像画をモティーフとした切手には、産業革命を牽引した発明家や経営者たちが顔を並べている。マシュー・ボウルトン(製造業)、ジェームズ・ワット(蒸気機関、四八頁参照)、ジョサイア・ウェッジウッド(製陶業)、リチャード・アークライト(力織機、四九頁参照)、ジョージ・スティーヴンソン(蒸気機関車)、ヘンリー・モーズリー(工作機械)、ジェームズ・ブリンドリー(運河掘削)、そしてジョン・マクアダム(道路建設)などである。

なぜいま、産業革命なのだろうか? 歴史家のリンダ・コリー▲は、「二十一

▼**リンダ・コリー**(一九四九〜) 現代英国を代表する歴史家。代表作『ブリテン人』(一九九二年、邦訳『イギリス国民の誕生』名古屋大学出版会、二〇〇〇年)でイギリス人の国民的アイデンティティを再定義した。英国政府文化機関のアドヴァイザーをつとめ、記念顕彰行事の立案をおこなっている。

世紀のイギリスらしさ」と題された二〇〇〇年のミレニアム講義において、「過去を選択的に用いることによって、現在の国民を活性化できる」のであって、「もしわたしが、国家的な記念顕彰の行事に責任をもつ立場にあるならば、努めて革新的で創造的な時代に思いを寄せるでしょう」と述べている。ここでは、歴史が現在に生きる人びとのアイデンティティを構築する手段になるという信念が述べられている。こうした潮流のなかで、イギリスでは産業革命期の革新的かつ創造的な集合的記憶が呼び起こされているのである。

本書で提出される産業革命像は、おおまかにいえば、以下の三つの特徴をもっている。

第一に、産業革命を人類史の大きな分水嶺としてとらえていることである。ケネス・ポメランツは、産業革命とは「工業化以前の停滞した定常状態を、予期しないかたちで突然に脱したできごと」だと主張している。ポメランツによれば、世界経済が長いあいだ、本質的に変わらず、急速な成長をとげなかったのは、主に環境的な要因によるものだとされる。一八〇〇年以前の時代のあらゆる社会は、ほとんどの資源を土地に依拠しており、自然環境が人口成長と経

●―英国郵政公社の切手「産業革命の開拓者たち」（英国郵政省ホームページより）
上段左から、マシュー・ボウルトン（製造業、一七二八～一八〇九）、ジェームズ・ワット（蒸気機関、一七三六～一八一九）、リチャード・アークライト（力織機、一七三二～九二）、ジョサイア・ウェッジウッド（製陶業、一七三〇～九五）。

下段左から、ジョージ・スティーヴンソン（蒸気機関車、一七八一～一八四八）、ヘンリー・モーズリー（工作機械、一七七一～一八三一）、ジェームズ・ブリンドリー（運河掘削、一七一六～七二）、ジョン・マクアダム（道路建設、一七五六～一八三六）。

●―産業革命年表

年代	人物	主な発明
1733年頃	ジョン・ケイ	飛び杼
1759年	ウェッジウッド	陶磁器製作所開設
1761年	ブリンドリー	ブリッジウォーター運河
1764年頃	ハーグリーヴス	ジェニー紡績機
1769年	ワット	改良蒸気機関の特許を取得
1771年	アークライト	最初の水力紡績機
1779年	クロンプトン	ミュール紡績機
1784年	ワット	複動回転蒸気機関
1785年	カートライト	力織機
1789年	ボウルトン，ワット	最初の蒸気力紡績工場
1807年	モーズリー	卓上蒸気機関
	フルトン	蒸気船
1815年	マクアダム	ブリストル有料道路建設
1825年	スティーヴンソン	蒸気機関車実用化
	リチャード・ロバーツ	自動ミュール紡績機

●―一人あたりの所得の変化

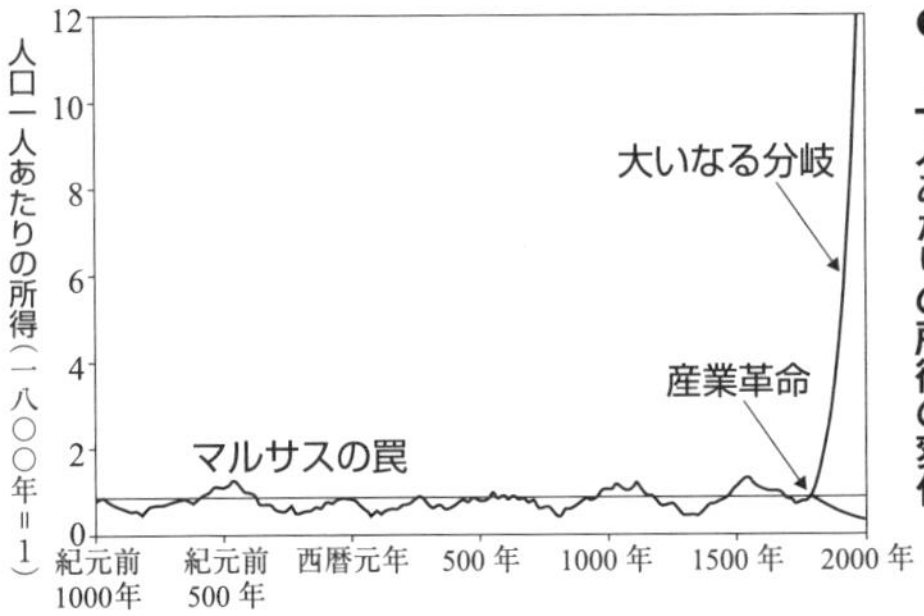

［出典］グレゴリー・クラーク（久保恵美子訳）『10万年の世界経済史　上・下』日経BP社（2009年）より作成

済成長の制約条件となっていた。この「マルサスの罠▲」からの解放によって、人口の増大と経済成長を調和的なかたちで進行させることが可能となった。このエネルギー革命こそが、産業革命のもたらした最大の変化であったとする。

　第二に、近世以来のグローバルな変容のなかで産業革命をとらえる。近世化する世界▲では、ヨーロッパとアジアのあいだで物やアイデアや情報などが飛びかうダイナミックなコミュニケーション空間がつくり出されており、ヨーロッパ諸国のあいだでも、蒸気機関や紡績機械などの発明は、産業スパイをもまじえた情報戦を引きおこしていた。これらのグローバルな情報や物の流れが、イギリス固有の歴史的土壌に着地し、世界で最初の産業革命として開花することになる。これによって、ヨーロッパとアジアとの「大いなる分岐」が生じ、また同じヨーロッパ諸国でも、オランダやフランスとイギリスとのあいだで「小さな分岐」が発生していくことになったのである。

　第三に、歴史を形成する主体的な要因にも注目してみる。それは、産業革命を牽引した有名な発明家や企業経営者たちだけを意味するものではない。近年の技術史研究によれば、産業革命の牽引力は、マクロ発明家と呼ばれる画期的

▼マルサスの罠　マルサス『人口論』によれば、人口は幾何級数的に増加するのにたいして、食糧は算術級数的に増加する、つまり人口増加は食糧生産の増加の割合を上回る。人びとは窮乏化することを好まずに、さまざまな方策で人口増大を抑制するようになるという。

▼近世化する世界　十六〜十八世紀に世界の各地域圏において、人口の増加、地方都市の成長、商人層の台頭、宗教の再興、農村騒擾などの共通の特徴を備えた現象がみられたことをもって「単一の近世」が成立していたとする。

な技術革新をおこなった人物だけではなく、既存の技術の応用・発展によるミクロな発明を担った無数の技術者にもあったことが明らかにされている。技術革新を遂行するうえでの分厚い社会的基盤が存在していたのである。また産業革命の時代を生きた民衆の経験にも注目してみたい。近年、数量経済史▲では把握することが難しい民衆の主体性にたいする関心が高まっており、それらを、自叙伝、手紙、日記といったエゴ・ドキュメント▲から浮かび上がらせる研究がおこなわれている。本書では、そうした最新の成果も組み入れた産業革命像を構築しようと試みる。

▼**数量経済史**（クリオメトリクス）　ダグラス・ノースらによって提唱され、計量経済学の手法を経済史の分析に応用して、史料より経済統計を算出して分析対象の経済動向を把握しようとする。

▼**エゴ・ドキュメント**　「パーソナル・ナラティヴ」とも呼ばれ、文化史研究のなかで注目される一人称で書かれた史料の総体。手紙、日記、自伝などがあげられる

①―「産業革命」の誕生

ブレイク『イェルサレム』

産業革命は、現在からみれば、人類史上の巨大な変革の時期としてとらえられている。しかし、同時代の人びとには、どのように認識されていたのであろうか。十八世紀末に英国ロマン主義の詩人ウィリアム・ブレイク▲は、『イェルサレム』(正確には、叙事詩『ミルトン』の一篇)において、つぎのような認識を提出している。

遠の世にイエスのみあし　イングランドの丘を踏みしや
きよらなる神のこひつじ　群れたりと聞くはまことか
かしこくも神のみ顔の　雲かかる山照らせしや
ひたぐろきサタンの家の　イェルサレムなりしと言うか

その後、この『イェルサレム』にはメロディーがつけられて、イギリスでもっとも有名な愛国歌の一つとなる。この詩は、緑の山々や伸びやかな牧草地など、旧き善きイングランドの景観にたいするブレイクの愛情を表現したもので

▼**ウィリアム・ブレイク**(一七五七〜一八二七)　イギリスの詩人・画家。独自の神秘主義的な世界観にもとづく幻想的な表現により、ロマン主義の先駆けとなった。代表作として、詩画集『無垢の歌』(一七八九年)、『経験の歌』(一七九四年)など。

ある。しかし、それは、同胞たちを「ひたぐろきサタンの家（＝工場）」で働くように運命づける、産業革命のもたらす負の側面にたいする痛烈なる批判でもあった。目の前で進行する巨大な社会変動にたいする同時代人の不安を如実に表現すること、これが「イェルサレム」を吟じるブレイクのモティーフとなる。当時は、いまだ「産業革命」という言葉は用いられていなかったのである。

「産業革命」の発明

それでは、「産業革命」という用語が使われるようになったのは、いつごろからなのだろうか。遠く起源をたどるならば、十九世紀初頭のフランス人経済学者のジェローム・アドルフ・ブランキによるものだといわれている。▲彼は、同時代人が経験する巨大なる社会経済的転換を「産業革命」という用語によって表現しようとした。フランス系の人物によって「産業革命」という用語が発明されたというのは、興味深い事実である。十八世紀後半には、「革命」という言葉の意味に劇的な変化が生じたことが指摘されている。つまり、それまで「輪廻・再生」を意味する言葉として理解されていたものが、「断絶」を意味す

▼**「産業革命」の語源**　最初の使用例は、一七九九年にフランス外交官のルイ・ギョーム・オットーの私信のなかにみられるという。その後、一八三〇年代にアドルフ・ブランキ（一七九八〜一八五四）の著作のなかで用いられ、一八四〇年代のエンゲルスらの著作で一般化していくことになった。

るものとされていった。当初、この「革命」はアメリカ独立革命やフランス革命を指す言葉として登場するが、それがイギリスの経済変動を意味する言葉へと敷衍《ふえん》された。「産業革命」は、フランス革命とのアナロジーによって「発明」されたのであった。

マンチェスターの紡績業者で資本家でもあったドイツ人フリードリヒ・エンゲルスは、『イングランドにおける労働者階級の状態』▲(一八四四年)という卓越したルポルタージュを執筆した。エンゲルスにとっての「産業革命」とは、まず繊維工業における一連の技術革新の集積を意味していた。この過程は、ジェームズ・ハーグリーヴスによるジェニー紡績機(五一頁参照)から始まり、その後の発明によって加速化される「手工業にたいする機械労働の勝利」だった。この新しい生産様式の発展は、劇的な社会の変容と関連していた。生産関係は、親方と職人との関係にかわって、資本家と賃金労働者との関係を基盤とするようになった。工場を所有する資本家としての産業ブルジョワジーの勃興は、政治・経済・社会のあらゆる側面における変化を引きおこしていったのである。

エンゲルスの「産業革命」概念の影響は、十九世紀の半ばにおいては極めて

▼**『イングランドにおける労働者階級の状態』**　マンチェスター在住のドイツ人エンゲルスによって執筆された産業革命期のルポルタージュの傑作。のちのマルクス主義を発展させるうえでの実証的基礎となる事実を提示している。

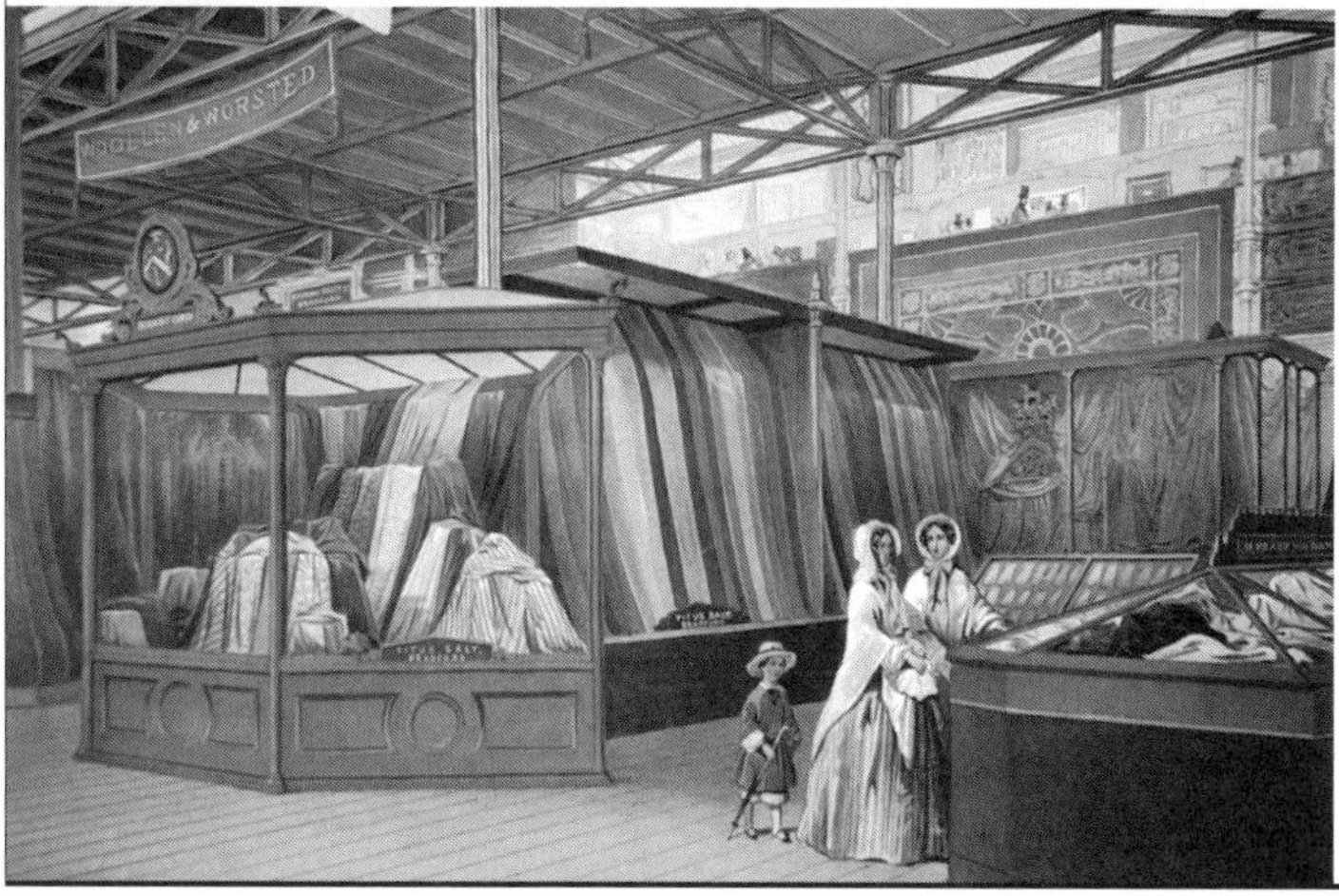

●―**ロンドン万国博覧会**（一八五一年）　（上から）ハイドパークの水晶宮、農業機械の展示場、ヨークシャ織物の展示場。

限定されたものであった。たしかに、ジョン・スチュアート・ミル▲のような経済学者は、「産業革命」という言葉を使うこともあった。しかし、イギリス人は、「産業」よりも「製造業」という言葉を、また「革命」という言葉よりも「進歩」や「発展」という言葉を選び、「産業革命」という言葉は英語の語彙として定着しなかった。これは、イギリス人が自国の社会変化を認識していなかったということではない。経済学者や評論家たちは、「産業革命」という特別な用語を使わずに、劇的な経済発展や産業構造の変化を理解しようとした。一八五一年のロンドンで開催された万国博覧会は、まさに「進歩」と「発展」を広く世に知らしめるできごとであった。ヴィクトリア時代の人びとは、「革命」というメタファーを用いることを好まなかったのである。

古典的見解

「産業革命」という用語がイギリス人のあいだに定着していくのは、一八八四年にアーノルド・トインビー▲の、有名なオクスフォード講義録のなかで用いられたときからであった。トインビーの「産業革命」概念は、エンゲルスの理

▼ジョン・スチュアート・ミル（一八〇六〜七三）　イギリスの功利主義経済学者。主著『経済学原理』（一八四三年）。

▼アーノルド・トインビー（一八五二〜八三）　オクスフォード大学教授。十九世紀末ロンドンで貧民救済の慈善活動を展開して、セツルメント・ハウス（隣保館）のトインビー・ホールを建設。有名な『産業革命講義』は、こうした社会問題への関心を背景におこなわれた。

トインビー『英国産業革命講義』（初版本）

解と多くのものを共有する。トインビーは、対外競争と社会不安によって特徴づけられる一八八〇年代から一九二〇年代にかけて活躍したウェッブ夫妻▲やハモンド夫妻▲などの社会改良家たちの一人であり、自由放任の原理(レッセ・フェール)に集中的な攻撃を加え、政府が人道的な観点から経済に介入すべきであると唱えたのであった。これ以降、「産業革命」という言葉は、英語の語彙に加えられ、歴史家・学生・労働者の運動などによって広められた。たとえば、アカデミズム内外で広く読まれたハモンド夫妻による定評のある歴史書のなかでも、「産業革命」は中心的な概念となっていた。

　トインビーによる「産業革命」概念には、いくつかの特徴があった。一つは、産業革命を急激な変化、つまり「断絶」ととらえるものである。トインビーは、一七六〇年ごろに経済発展のプロセスに鮮明な断層が生じていることをみてとり、その過程が一八五〇年ごろに基本的に完了するとした。旧い経済的秩序は、「蒸気機関と力織機の力強い一撃」によって破砕された。トインビーにとっての産業革命の中心的な要素も「発明」であった。産業革命の起点は、蒸気機関・紡績業や金属業での新技術が発明された一七六〇年代に求められる。もう

▼ウェッブ夫妻　「イギリス史上もっとも知的なカップル」と呼ばれるベアトリス(一八五八〜一九四三)とシドニー(一八五九〜一九四七)はフェビアン協会の中心的なメンバーとなり、十九世紀末から二十世紀初頭に社会調査と歴史研究を基礎として福祉国家建設に思想的・政策的な影響力を与えた。

▼ハモンド夫妻　ジャーナリストであったジョン(一八七二〜一九四九)はバーバラ(一八七三〜一九六一)と結婚。夫妻は労働者教育活動のテクストとして、『都市労働者』(一九一一年)、『農村労働者』(一九一七年)など産業革命期の社会史を執筆した。

一つは、産業革命がもたらした悲惨な状況を強調するものである。貧困と不安、都市の不衛生、間欠的におそう疾病が民衆の生活水準におよぼす影響。これら産業革命にともなう変化に同時代の社会問題の起源をみてとろうとしたのである。ここに、産業革命にたいする「断絶性」と「悲観的解釈」を柱とする古典的見解が提出されることになった。

トインビー批判

しかし、まもなくアカデミックな世界では、「産業革命」の存在自体に疑問が付されるようになった。二十世紀初頭、多くの学者たちは変化の革命性に疑念を呈し、この用語を避けるようになっていた。ジョセフ・シュンペーター▲は、一九二〇年代、三〇年代の著作をつうじて、経済史における転換点や分水嶺よりも長期の循環運動を重視した。シュンペーターによれば、経済の長期波動は、それぞれが一つの産業革命によって構成されているという。イギリスでは、少なくとも五度の「産業革命」が存在して、トインビーのいう古典的な産業革命は、その前後にある二度の革命にはさまれた産業革命の一つを構成している

▼**ジョセフ・シュンペーター**（一八八三〜一九五〇）　「創造的破壊」といわれる技術革新が経済の成長を促すと主張。『資本主義、社会主義、民主主義』（一九四二年）では、産業革命によって経済の長期の循環が形成され、『景気循環論』（一九五〇年）では、五度の産業革命が存在したとした。

にすぎないとされた。

戦間期イギリスの経済史家は、同じように十八世紀後半に発生した産業革命の革命性にたいして懐疑的であった。ジョン・クラパム▲は、綿工業の領域においてさえ一八五〇年までに一部が革命的に変化したにすぎず、経済の諸部門は実質的には変化していなかったという。彼によれば、第一に、十八世紀末に劇的な変化は認められず、むしろ十六世紀の「早期産業革命」から連続して経済成長がみられること、第二に、実質賃金などの統計をとってみると、それ以前の社会は牧歌的で調和的な世界などではなく、むしろ貧困に満ちた社会であり、産業革命によって生活水準は低下しなかったとする。トインビーの「断絶」＝「悲観」説にかわる「連続」＝「楽観」説の登場となる。このように、歴史家は複数の産業革命の存在を語るようになり、また産業革命は決定的な分水嶺というよりは、緩慢とした変化を意味するようになった。

▼ジョン・クラパム（一八七三〜一九四六）　イギリスの経済史家。主著『イギリス経済史概説』（原著一九四九年）。

「産業革命」の再評価

産業革命にたいする評価が一変するのは、戦後の復興ブームでのことで、ふたたびその革命性が注目されるようになっていく。経済理論家のウォルト・ロストウ▲は、『経済成長の諸段階』(一九六〇年)によって、産業革命がイギリスで最初に発生したこと、そしてそれが近代史における重要な転換点であったことを強調する。この著作は、「非共産党宣言」という副題が示すように、社会主義的工業化にかわる第三世界の開発モデルを探ろうとして考察されたものである。ロストウによれば、産業革命とは、工業化に向けての「離陸」の時期であり、それは一七八三年から一八〇二年の時期に到来し、その後に経済成長が持続したとされる。ロストウの問題提起を受けた経済史家のディーンとコールは、統計的手法を用いて、一七四〇年代から八〇年代に急激な経済成長が発生したことを裏づけた。

一九六〇年代から七〇年代にかけて、産業革命の存在は広く共有されるようになった。エリック・ホブズボームは、『市民革命と産業革命』(一九六八年)や『産業と帝国』(一九七二年)のなかで、産業革命が人類の生活や世界史に根本的な転換をもたらしたとしている。こうした断絶説は、経済史の領域をこえてほかの分野にまで拡大していった。エドワード・トムスンは『イングランド労働

▼ウォルト・ロストウ(一九一六〜二〇〇三)　工業化への「離陸」概念を基軸とする近代化論を定式化。こうした近代化論は、一九五〇年代のアメリカに起源をもち、冷戦下の政策当局のイデオロギーとして、第三世界の工業化をめぐって社会主義的モデルにかわる資本主義的近代化を正当化しようとした。

ディーン／コールとクラフツの成長率比較　ディーンとコールの数値とクラフツの数値を対比したもの。クラフツでは成長率が下方に修正されている。

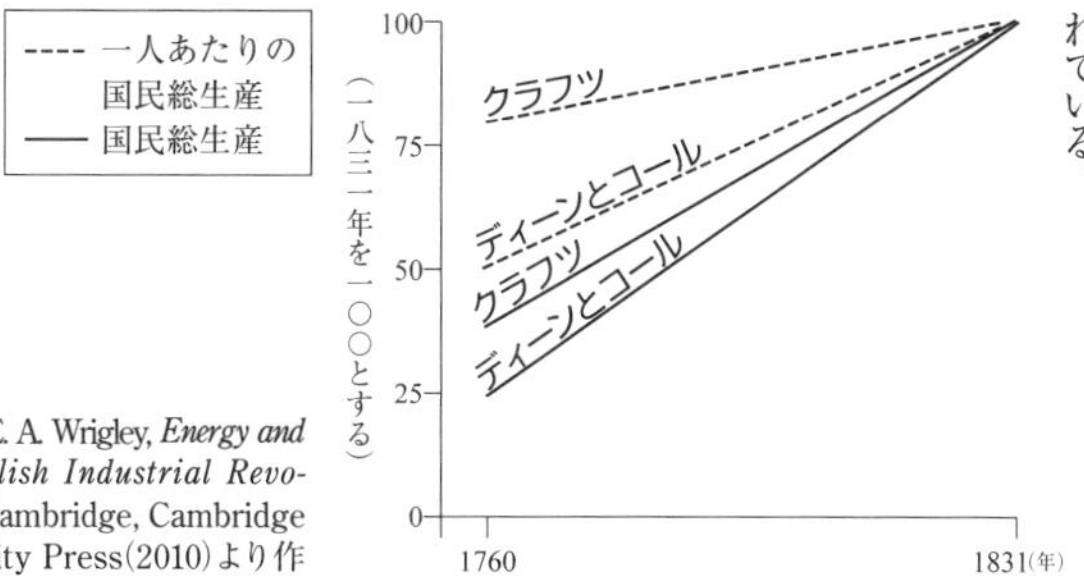

［出典］E. A. Wrigley, *Energy and the English Industrial Revolution*, Cambridge, Cambridge University Press(2010)より作成

者階級の形成』(一九六三年)において、機械化や工場を基盤とする労働者階級の形成史を広い社会史的な文脈で読みとろうとした。その後の社会史家は、労働運動の勃興、宗教的信仰の衰退、伝統的な民衆娯楽や余暇の過ごし方、技術革新や労働組織の変化にともなう家族関係の危機などの論点を取り上げたが、解釈にさまざまな違いはあれ、すべてが産業革命による社会変動という枠組みのなかで語られることになった。

修正主義

しかし、産業革命をめぐる解釈の進展はとどまるところを知らなかった。「英国病」と呼ばれるイギリス経済の停滞を背景として、一九七〇年代から八〇年代に新たな潮流が生まれる。経済理論と複雑な統計的手法で武装した経済史家が、経済成長のさまざまな指標の測定を開始して、ディーンとコールの提示した数値に疑問をはさむようになる。こうしたなかで、ニック・クラフツは、「離陸」概念で示された「急激な変化」というよりは「緩慢な成長」をみてとった。彼は十九世紀初頭の国民総生産の成長率や工業生産高の増加率にかんし

▼修正主義　一九七〇年代以降のイギリスにおいて、市民革命や産業革命の解釈をめぐって断絶性や必然性を強調する見解にかわり、変化の緩慢さや連続性、また原因の偶発性や蓋然性を主張する研究動向。産業革命史では、ニック・クラフツの唱えた説が修正論として影響を与えた。

て、ディーンとコールの見解を下方修正し、「産業革命」は劇的な経済変動ではなかったと主張したのである。こうしたマクロ経済指標からみえてくる「連続」説的な見解は、その後の社会史研究によっても強化されることになり、産業革命の神話性にたいする「偶像破壊」が進められていった。

この「修正主義▲」と呼ばれるクラフツの見解は、大きな論争を呼んだ。しかし、一つのコンセンサスはできつつあるようである。つまり、成長率という統計的手法は産業革命という複雑な社会現象をとらえるには不十分であること、したがって、成長率の測定それ自体は重要なものでないということである。クラフツが統計的数字を用いたのは、産業革命という現象を再定義するためであった。そこで発見されたのは、国民的な経済成長の緩慢性だけではなく、労働力構成における重要な再編の発生であった。すなわち、労働者が農業部門から製造業部門へと移動していることであり、この構造変化こそが「産業革命」の名に値するというのである。クラフツによって主張された構造変化の側面は、あまり注目を集めなかったようだが、その後の「産業革命」研究が成長率の問題から別の領域に移っていく契機を与えたといえよう。

リハビリテーション

　クラフツの修正主義は、「産業革命」概念の革新へとつながった。たとえば、技術史の領域では、一連の発明や技術革新を再評価する研究、有機物依存経済から鉱物依存経済への劇的変化を「エネルギー革命」とする研究、供給から需要の側面に重心を移して労働者の心性の変化を「勤勉革命」として描く研究などが新たに生まれることになった。これらは、第三・四章で具体的に取り上げられることになるが、いずれも産業革命における劇的な変化や断絶の側面を描こうとしている。こうした傾向は、産業革命論の「リハビリテーション」と呼ばれており、その再検討は一九九〇年代の終わりまでに一段落することになった。

　しかし、この「リハビリ」は、予期せぬかたちで続けられることになった。グローバル・ヒストリー▲と呼ばれる潮流のなかで、ヨーロッパ以外の地域をあつかう歴史家が、産業革命の画期的な意義に注目するようになったからである。かつてデヴィッド・ランデス▲が『解き放たれたプロメテウス』で提出したグロー

▼グローバル・ヒストリー　近年の世界史認識の再考にかかわる潮流の総称。なかでもロイ・ビン・ウォンやケネス・ポメランツなどカリフォルニア学派は、近代以前のアジアの高度な経済発展を強調して、ヨーロッパ中心主義の歴史観を見直す問題提起をおこなっている。

▼デヴィッド・ランデス（一九二六〜二〇一三）　アメリカの経済史家。主著『解き放たれたプロメテウス』（原著一九六九年、邦訳『西ヨーロッパ工業史 産業革命とその後』みすず書房、一九八〇年）、『諸国民の富と貧困』（原著一九九八年、邦訳『「強国」論』三笠書房、二〇〇〇年）。

バルな規模での富と貧困の分極化という問題に新たな世代が取り組むようになった。ケネス・ポメランツ、ロイ・ビン・ウォンなどの歴史家たちによれば、アジアは有機的経済のなかで相対的に優位を誇っていたが、イギリスが鉱物資源のエネルギー経済への移行を開始して、ほかの国々がそれに追随するようになったときに、ヨーロッパ・アジア間の力関係の均衡が崩れて、ヨーロッパの優位が確立していったというのである。このグローバル・ヒストリーのなかでのイギリス産業革命は、人類史における「分水嶺」として位置づけられる。以下では、こうしたリハビリテーションの議論にさおさしながら、イギリス産業革命の歴史的位置を考えてみることにしたい。

②—大いなる分岐

ヨーロッパとアジア

最近の数量経済史研究が明らかにしてきたように、国内総生産（GDP）や実質賃金などの指数をみると、近代の世界では富の分布が偏在したかたちであらわれる。こうした富の分極化の原因となったのが、工業化と脱工業化にあったといわれる。たとえば、一七五〇年時点での世界の製造業の配置をみてみると、中国が三三％、インドが二五％を占めており、アジアに生産の拠点があったことに気づく。一七五〇年から一八八〇年にかけて、産業革命を起点として世界の工業生産におけるイギリスの占める割合が、二％から二三％へと急激に増加する。一八八〇年から第二次世界大戦にいたる時期には、アメリカとほかのヨーロッパ諸国が、それぞれ三三％と二四％を占めるようになる（二三頁参照）。一九八〇年代以降にアジア経済が「復活」するまで、ヨーロッパとアジアとの関係は、前者の優位で推移してきた。

実際のところ、西暦一五〇〇年の時点で、もし飛行機に乗って世界をながめてみれば、そのとき、世界でもっとも豊かな地域がヨーロッパではなく、アジアに存在したことに気づくであろう。この当時のアジアは、ヨーロッパに比べてもより高度の農業生産力や洗練された手工業的熟練を保持し、多様な生産物を提供していた。たとえば、中国は、紙・火薬・大型船・羅針盤・陶磁器などを産出した。インドやイランもまた、絹織物や綿織物、染料などで優れた産物を有していた。なかでも、絹織物は当時の最高級品とされ、「絹の道」をつうじて西方に伝播する。またヨーロッパが高価な羊皮紙しか知らない時代に、製紙技術や木版印刷の技術が発達して、それらは図書館や紙幣の発達をもたらした。このようにアジアは、優れた工芸品や香辛料などをもち、ヨーロッパ人の目には豊かで魅力的な地と映ったのである。

一五〇〇年から一八〇〇年のあいだに生じたグローバルな規模での経済的変容を描写するために、「勤勉革命」(七四頁参照)という概念が用いられてきた。ポメランツは、中国の長江デルタ地帯とイングランドを比較するなかから共通の現象をみてとっている。この時期に、中国でも米のような生活必需品の実質価格が上昇するが、この価格の上昇分をうめ合わせるために、生産者は市場向

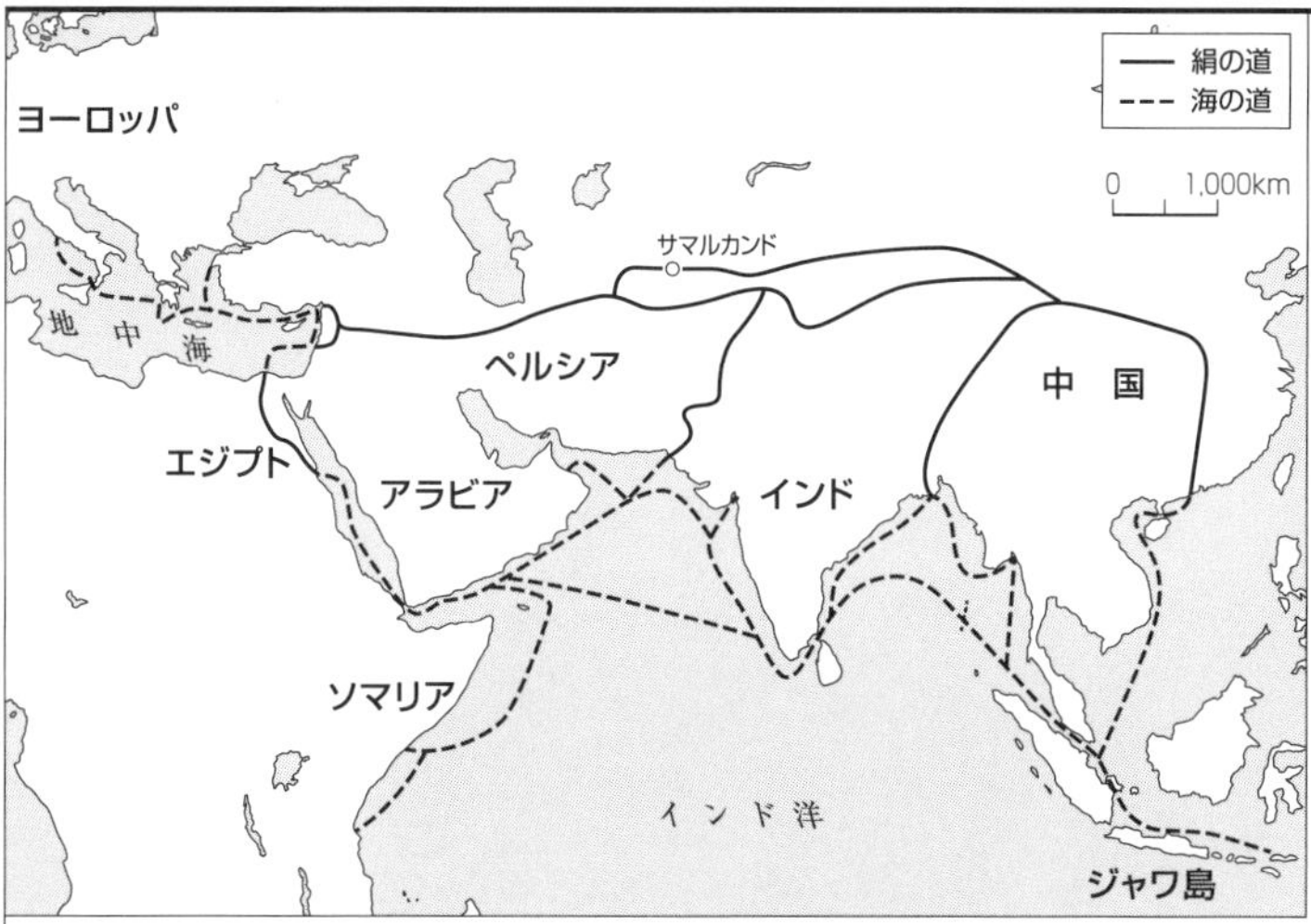

●—**ヨーロッパ・アジア間の主な交易路**

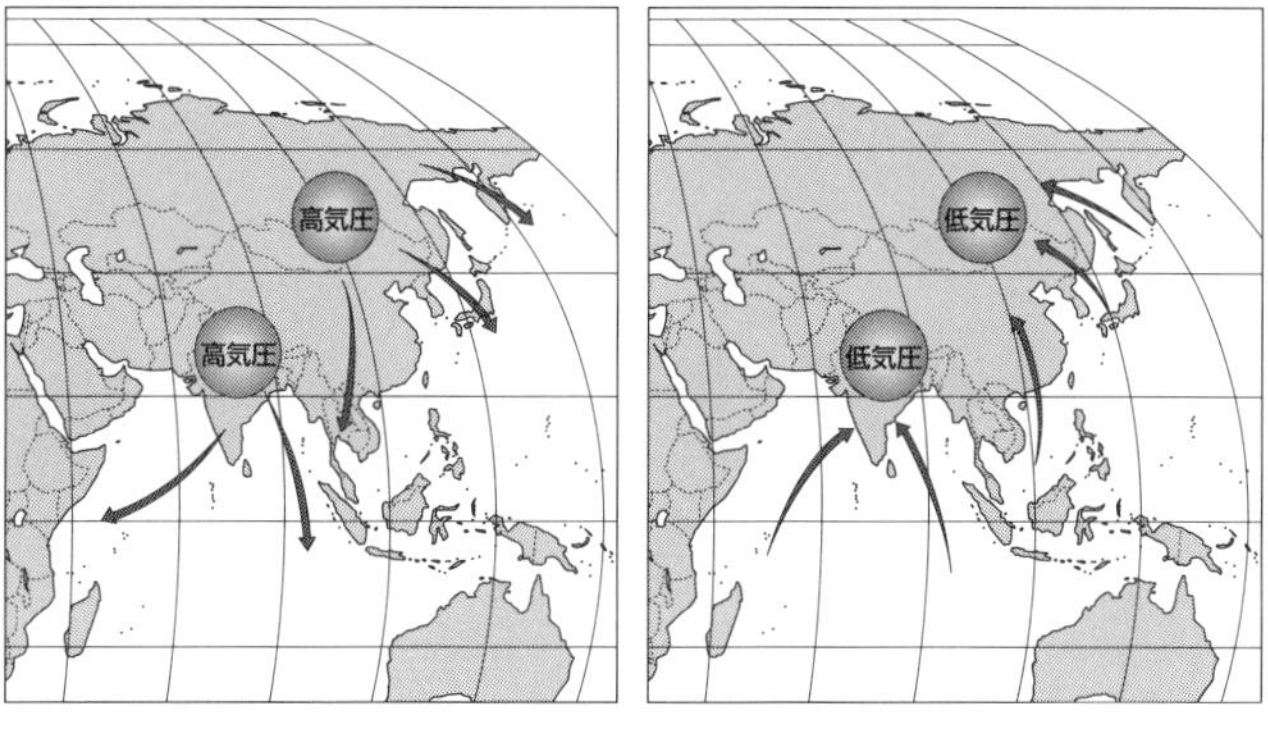

●—**アジアの気候**　夏と冬では風向きが変わり、これを利用した交易活動が繰り広げられた。

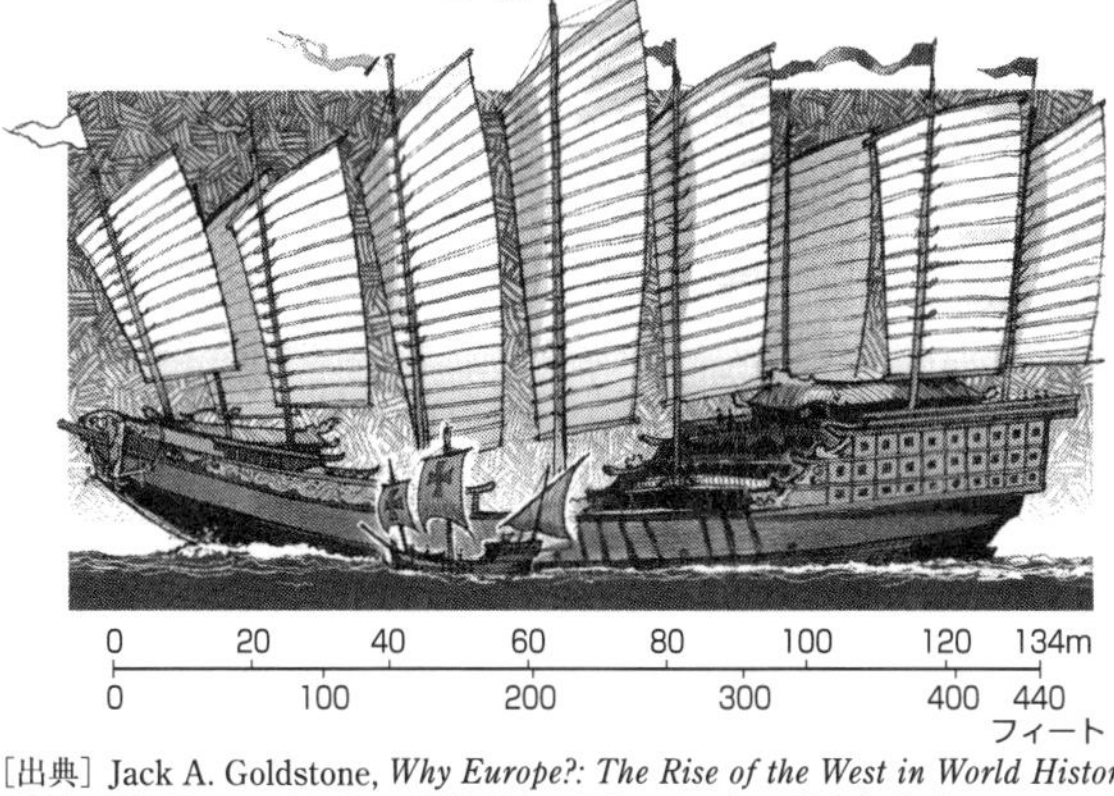

［出典］Jack A. Goldstone, *Why Europe?: The Rise of the West in World History, 1500-1850*, Boston, McGraw-Hill Higher Education（2009）より作成

●—**鄭和の船**（奥）**とコロンブスのサンタマリア号**　鄭和は中国からアフリカにまで交易路を開拓した。船舶の規模の巨大さが分かる。

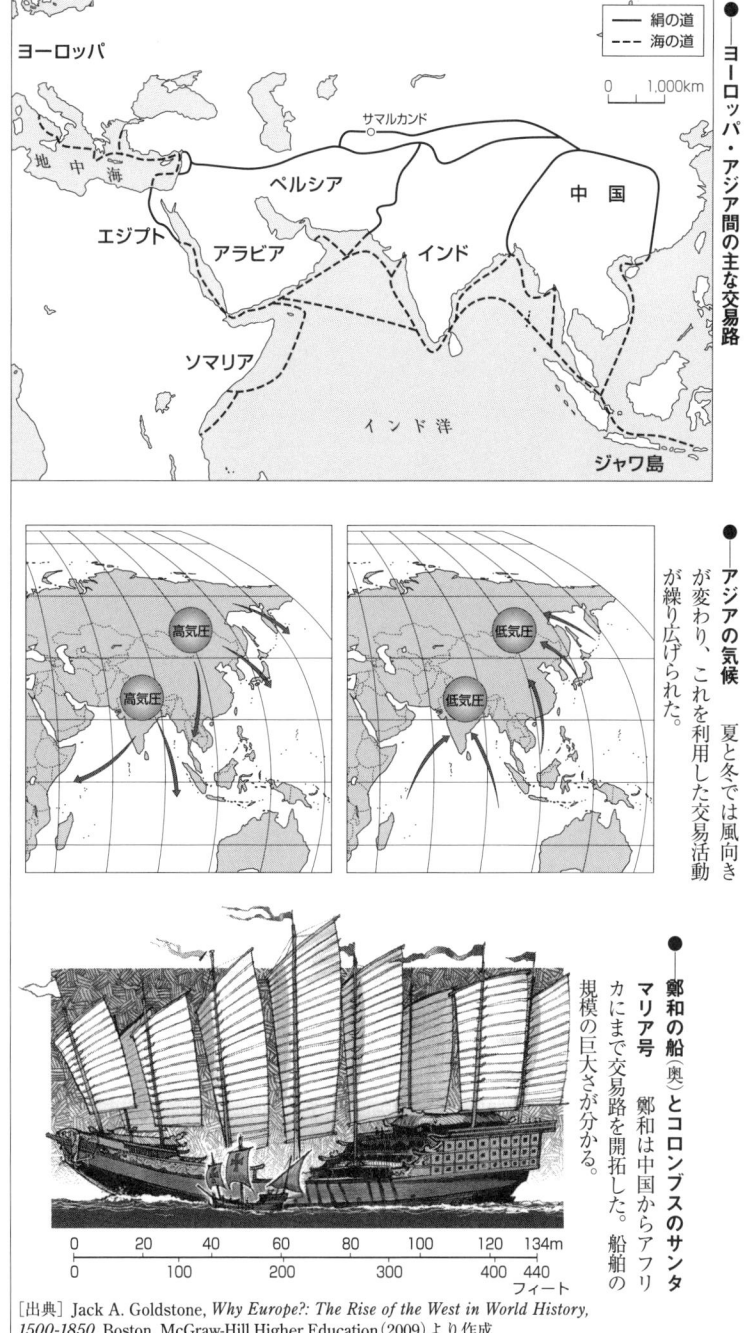

けの生産を増大させ、他者の生産する消費財への依存を深めるようになる。そこでは、農村工業の展開にみられるように分業関係が発達、さまざまな技術革新に支えられて農業生産力も拡大し、販路としての商業ネットワークも拡大する。こうしたいわゆる「スミス的な成長」(一八頁参照)のもとで、一七五〇年にいたる時期には、ヨーロッパとアジアとのあいだに発展の同型性がみられるというのである。

実際、数量経済史研究の成果は、この段階のヨーロッパとアジアの経済発展の類似性を指摘している。たとえば、人口史の領域では、西欧では晩婚という要因、アジアや南欧・東欧では早婚ながらも慣習的要因によって、近代以前の人口増加率が抑制される傾向にあったが、総じて人口増加率は同程度、そして人口規模はアジアの方が巨大であったとされる。また平均寿命や体格にかんしても、ヨーロッパとアジアのあいだではほとんど差異がなく、むしろヨーロッパ内部で大きな差異がみられる。実質賃金にかんしても、一八五〇年までは、ヨーロッパとアジアとの賃金格差というよりは、ヨーロッパ内部での格差の方が大きかったという。そして、都市の人口は、一八五〇年に逆転するまで、ア

各国の工業生産比

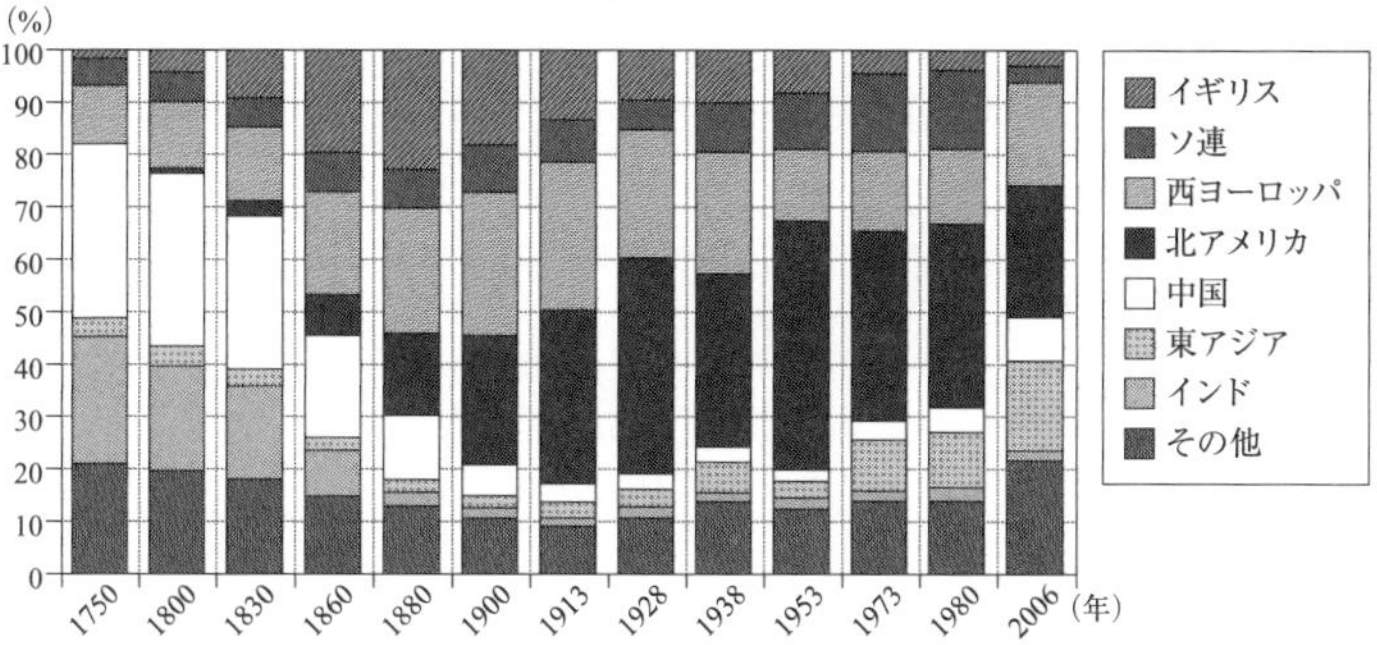

［出典］Robert C. Allen, *Global Economic History : A Very Short Introduction*, Oxford, Oxford University Press（2011）より作成

農業生産性（一三〇〇～一八〇〇年）

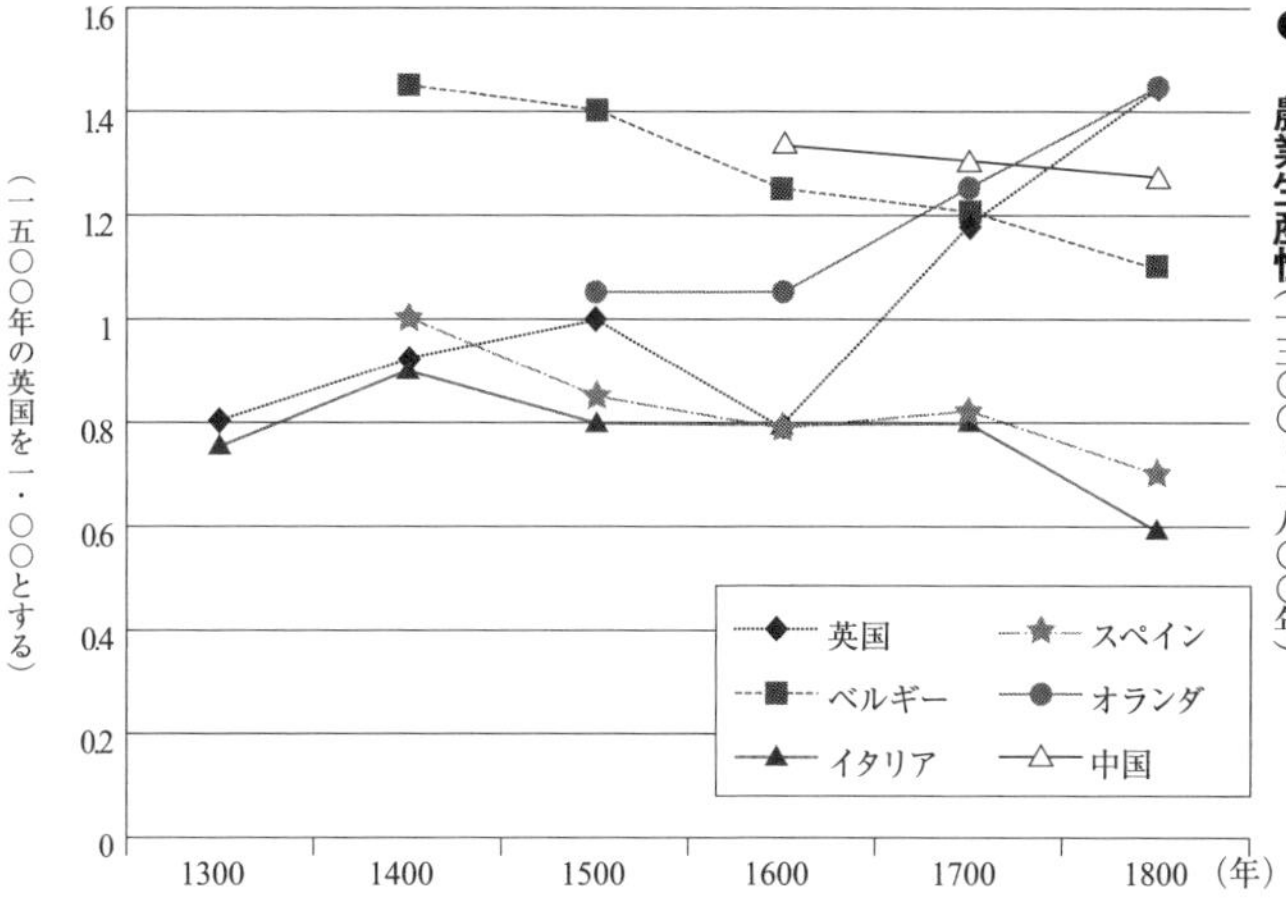

世界の都市人口　順位

1800年		1500年	
1 北京（中国）	1,100,000	1 北京（中国）	672,000
2 ロンドン（英国）	861,000	2 ヴィジャヤナガル（インド）	500,000
3 広州（中国）	800,000	3 カイロ（エジプト）	400,000
4 江戸（日本）	685,000	4 杭州（中国）	250,000
5 イスタンブール（トルコ）	570,000	5 タブリッツ（イラン）	250,000
6 パリ（フランス）	547,000	6 イスタンブール（トルコ）	200,000
7 ナポリ（イタリア）	430,000	7 ゴア（インド）	200,000
8 杭州（中国）	387,000	8 パリ（フランス）	185,000
9 大阪（日本）	383,000	9 広州（中国）	150,000
10 京都（日本）	377,000	10 南京（中国）	147,000

［出典］Jack A. Goldstone, *Why Europe?: The Rise of the West in World History, 1500-1850*, Boston, McGraw-Hill Higher Education（2009）より作成

ジアがヨーロッパを上回っていた。こうした都市の豊かさを支えたのが、農業生産力の優位性にあったといわれる。

キャッチアップ

後塵を拝するヨーロッパは、アジアとの交易に乗り出すべく大航海時代を開始することになった。交易活動の活発化を背景として、オランダ・イギリス・フランスなどのヨーロッパ諸国は、十七世紀に入ると東インド会社▲を設立して、アジア貿易の利益を独占しようと競合関係に入っていった。この東インド貿易をつうじて、中国産の絹や陶器、インド産の綿布が、ヨーロッパ市場にもたらされることになった。

これらのアジア物産は、当初は上流階級エリートたちが顕示的に消費する贅沢品であったが、やがて社会的階梯を下降して民衆レヴェルでも日用的な生活必需品として用いられるようになった。こうした「消費革命」とも呼ばれる現象のなかで需要の拡大するアジア物産を輸入に頼らずに生産することが、ヨーロッパ諸国の共通の政策的課題となってくる。のちに産業革命の主要産業とな

▼**東インド会社**　王権からの特許状によってアジアとの貿易独占権を与えられた特権会社。イギリス（一六〇一年）、フランス（〇四年）などで設立。とくに〇二年に設立されたオランダの東インド会社は、世界初の株式会社の形態を採用した。

インドのコロマンデル海岸地方で織られたペチコート（一七二五年頃、ロンドン、ヴィクトリア・アンド・アルバート美術館蔵）

る領域は、こうしたアジア産物品の模倣を動機として技術革新がおこなわれた。イギリス産業革命は、これらの物品にたいする輸入代替工業化という側面をもっていたのであり、この時代のヨーロッパはアジアへのキャッチアップの過程にあったといえるだろう。

インド産の綿布を例にとってみよう。ベバリ・ルミレの研究が指摘するように、インド産綿布は中世以来ヨーロッパで流通していたが、大航海時代以降、その影響力はさらに拡大していった。ポルトガル商人、のちにはオランダとイギリスの商人によってもたらされたキャラコは、品質や機能、また美しさやデザインに優れて大流行した。商人や貴族など上流階級たちを魅了していったが、ベッドやソファ、壁や窓を飾る装飾品として一般の消費者にも浸透していった。未知なる地域の新しい美との接触をつうじて喚起される消費文化。こうした物質的欲望の表現として「ファッション」という現象が成立したのである。

十七世紀後半になると、インド産キャラコの模倣がヨーロッパ各地で始まる。木綿はインドにおいて美しい捺染や描画が施され、完成品としてイスラーム圏にもたらされていた。だが、捺染技術や綿花栽培はヨーロッパにも伝えられ、

▼キャラコ論争　一六九〇年代にインド産キャラコの輸入によって打撃を受けたイギリスの毛織物業者が輸入禁止の運動を開始、一七二〇年代まで続く東インド会社とのあいだの論争を引きおこし、キャラコ輸入禁止法(一七〇〇年)、キャラコ使用禁止法(一七二〇年)が制定された。

イギリスのウェッジウッド陶磁器
アジア産の陶磁器を模している(ウェッジウッド博物館ホームページより)。

レヴァント地方を中心に綿花の作付けが始められた。ヨーロッパ各地で在来の亜麻産業の技術を活かしつつ、「ヨーロッパの木綿」が出現していった。こうした栽培や捺染によるキャラコの模倣の試みとほぼ同時に始まったのが、在来織物保護のための輸入使用規制であった。たとえば、イギリスでは議会においてキャラコ論争▲が喚起され、一七〇〇年には国内毛織物産業の保護のためにインド産キャラコの使用禁止令を発布するとともに、五〇年代からインドからの供給減少と国内外の需要の増大に応じるために、ランカシャを中心として国内でのキャラコ生産を開始することになった。

また、東アジア産の陶器は、透き通るような白地、青や赤などの美しい絵柄、耐久性などによってヨーロッパの人びとを魅了した。その質感は、同時代のヨーロッパに台頭しつつあった新たな嗜好にかなうものであった。十七世紀初頭以降、オランダとイギリスの東インド会社は、中国や日本から大量の陶器をもたらしたが、それはヨーロッパにおける需要を満たすにはいたらなかった。さらにいえば、こうした輸入磁器は大変高価だった。同じころ、ヨーロッパの技法による模倣が始まる。東洋の陶器がヨーロッパの陶器の標準を提供すること

▼ウェッジウッド　イギリスを代表する陶磁器の製造会社。一七五九年創業。スタフォードシャーで産出される良質な粘土を用いて、デザイン性に優れた陶器を開発。王侯貴族、次いで中産階級に好まれた。

になった。中国産の陶器は、十八世紀のイギリスで唐物熱を引きおこすとともに、その模倣と技術的代替によって独自の陶器産業を生み出したのであった。イギリスにおけるウェッジウッド▲などの陶器製造業の起源は、この時代におかれているのである。

西欧の勃興・再考

こうしたアジアの優位性が失われていったのは、いつごろ、どのような要因によってなのであろうか。それは裏返せば、「西欧の勃興」の原因を考えることにつながっていく。なぜ西欧が勃興したのかという問題は、古くはヘーゲル、マルクス、ウェーバーなどのヨーロッパ人の世界史認識と結びついて、多様な解釈がなされてきた。たとえば、デヴィド・ランデス『諸国民の富と貧困』(一九九八年)は、西欧が固有の制度や度重なる技術革新によって、その経済的な影響力を拡大していったとする内在的な要因から説明している。他方、アンドレ・グンダー・フランク『リオリエント』(原著一九九八年)は、数千年におよぶ世界史を通じたオリエントの経済的重要性を指摘して、そのなかでみた場合、

▼プロト工業化　産業革命による本格的な工業化に先だち、繊維産業など消費材部門を中心に国際的な商業ネットワークと結びつきながら農村部の低賃金労働力を利用する家内制生産として展開する工業化の原基的形態を指す。

近代における西欧の勃興も例外的な事象にすぎないという議論を展開している。

こうした西欧中心主義とその裏返しとしてのアジア中心主義の双方を乗りこえるような議論も展開されている。たとえば、ロイ・ビン・ウォンやケネス・ポメランツの議論がそれである。農業技術の革新、プロト工業化▲、地域間分業の進展などを特徴とする「スミス的な成長」といわれる近世の経済発展のなかでは、イングランドも中国も共通の経済発展をとげていたが、いまだ「マルサスの罠」(四頁参照)といわれる経済的成長の枠組みのもとに置かれており、やがて発展の限界に直面してしまう。ヨーロッパとアジアとのあいだに「大いなる分岐」が発生するのは一八〇〇年以降のことで、とりわけ偶然にも石炭と海外植民地という二つの地理的条件を備えたイギリスで産業革命が始まり、ヨーロッパとアジアは発展の異なる経路をたどり始めるというのである。

石炭は、ヨーロッパにもアジアにも埋蔵されていた。だが、中国の炭田は北西部に位置しており、十二世紀から十四世紀にかけて発生した南方への人口の移動によって産業拠点が南に移動すると、主要炭田からの距離が拡大してしまった。他方、ヨーロッパは安価なエネルギー源としての豊富な石炭資源にたいする水路をつうじたアクセスが容易であった。このような自然の恵みが、イギリス産業革命をもたらしたと考えられている。また、新大陸など後背地の存在は、製品の販路ならびに過剰人口のはけ口となる安全弁として、ヨーロッパにとっては恵みの源泉であった。そのなかで、イギリスが大西洋沿岸に位置して、新大陸と地理的に近接していたことは有利な条件であった。しかも、先住民はヨーロッパ人のもたらした疫病によって一掃されていた。これにたいして、中国では、人口圧を解消するために帝国内の周辺地域や東南アジアへの移住が推進されたが、そこもやがて人口密集地域となってしまったというのである。

　こうした地理的・偶然的な要因に分岐の究極的な原因を求める見解に加えて、交易と征服による植民地主義、帝国と国民国家という政治体制の差異、そして文化史的な面での科学革命▲の有無などが要因としてあげられてきた。これらの要因は近世の世界のグローバルな変容の局面で作動していくことになるが、以下では、これらの論点についてもう少し詳しくみてみよう。

▼**科学革命**　十七世紀のヨーロッパで進展した自然科学における認識上の大転換のこと。自然世界を数学的に理解したうえで、その知識を人間の生活に役立てようとする発想を生み出した。中世的な思考様式から脱却したことで、近代的な科学技術の礎が築かれた。

交易と征服

ヨーロッパの植民地主義的な征服が西欧の勃興を促したとする説は古くからある。それを体系的に説明したのが、いわゆる従属理論▲や世界システム論▲の考え方であった。大航海時代以降、ヨーロッパの進出によって世界は一体化され、資本主義的な世界システムのもとに包摂されていったとするものである。しかし、これにはアジアの優位性を唱えるグローバル・ヒストリーによって異が唱えられてきた。事実、少なくとも一八〇〇年代にいたるまでアジア間の交易は、中国・インド・イスラーム商人によって掌握されており、ヨーロッパ商人はその寄生体にすぎなかった。ヨーロッパ各国が設立した東インド会社勢力は、交易品目として自国の生産物に魅力がないことを発見する。アジア人が欲していたのは、銀だったのである。

これにたいして、アメリカ大陸への征服活動は奇跡的な成功をおさめた。数百人のスペイン人征服者が何百万人もの文明を壊滅させるにいたった要因は、鉄砲や馬などの軍事的優位を背景として、内乱に乗じて現地人を味方につけたことにある。だが、決定的な要因は旧世界から持ち込まれた疫病にあった。イ

▼従属理論　アンドレ・グンター・フランクなどによって提唱された。今日の第三世界の低開発状態は、大航海時代以来の「中核」諸国による「周辺」諸国の搾取と収奪によるものであって、中核の「発展」と周辺の「低開発」はコインの裏表の関係にあるとする構造認識を提出した。

▼世界システム論　イマニュエル・ウォーラステインによって提唱された。従属理論を批判的に継承して、近代世界の資本主義が中核・半周辺・周辺に分節化されたシステムを構成して、覇権国を軸にして歴史的に膨張と収縮を繰り返しているという歴史認識を提出した。

ンフルエンザなどの何種類もの病原菌が一度に伝播して、抗体をもたない先住民は壊滅に追いやられたのである。スペインの略奪に続いて、イギリス・オランダ・フランスなどは、現地の気候を利用した作物の獲得に乗り出す。十七世紀には、砂糖・タバコ・綿花などの商品生産がプランテーション経営のもとで始められ、鉱山や農園で働く労働力の不足が生じてアフリカから奴隷が連行された。ヨーロッパは、アジアとの交易拡大を望めば望むほど、アメリカ大陸で産出される銀をその対価として獲得する必要に迫られ、新大陸を征服するという衝動に駆られることになった。

このように、植民地主義の発展は世界の各地で異なる形態をとって進展した。そして、アメリカ大陸において奴隷制度とプランテーション経営を拡大させ、大西洋三角貿易(三八頁参照)を発展させるというサイクルを生み出していくことになった。この征服による略奪、ついで奴隷制度とプランテーションによる植民地経営の手法が、ラテンアメリカでの経験を踏まえて世界各地に輸出されていったのである。そして、十七世紀の危機▲の衝撃を受けてアジアの交易国家が衰退していくと、東南アジア島嶼部の交易国家が植民地化されて、そこにプ

▼十七世紀の危機　十六世紀の経済的拡大への反動として、銀の枯渇による交易の縮小、「近世の小氷河期」と呼ばれる異常気象による不作を原因として、農民の反乱や政治動乱、戦争や社会不安の形態をとってあらわれた世界規模での危機的状況を指す。

ランテーション型の農場経営が移植されていくことになった。近世のアジア帝国の衰退とともに、ヨーロッパによる植民地主義が島嶼部からアジアにも拡大していったのである。植民地主義の視点は、ヨーロッパとアジアの分岐、のちにみるように奴隷貿易を基盤としたイギリスにおける産業革命の開始を説明してくれるものとなる。

諸国家併存体制

制度学派▲と呼ばれる論者の見解によれば、ヨーロッパとアジアとの差異には、帝国と国民国家という統治制度の相違が横たわっているという。たとえば、ダグラス・ノースとトマス・スミスの『西欧世界の勃興』(一九七三年)やエリック・ジョーンズ『ヨーロッパの奇跡』(一九八一年)は、ヨーロッパ経済発展の原因を諸国家併存体制の存在に求めている。グローバルな視座に立つロイ・ビン・ウォンも、一八〇〇年ごろまでの中国とヨーロッパの経済発展の類似性を認める一方で、その後の経済発展の分岐を決定づけた要因として、これに先だつ紀元一〇〇〇年以降にみられた政治システムの相違が関与していたことを指

▼**制度学派**　より正確には、十九世紀末の厚生経済学と区別して、ここでは経済史のダグラス・ノースなど新制度学派を指す。ゲームのルールを構成する制度(法律や慣習)が、人びとの交換における誘因を与えるという理解から、この制度の変化が歴史変化の根底をなすという考えに立つ。

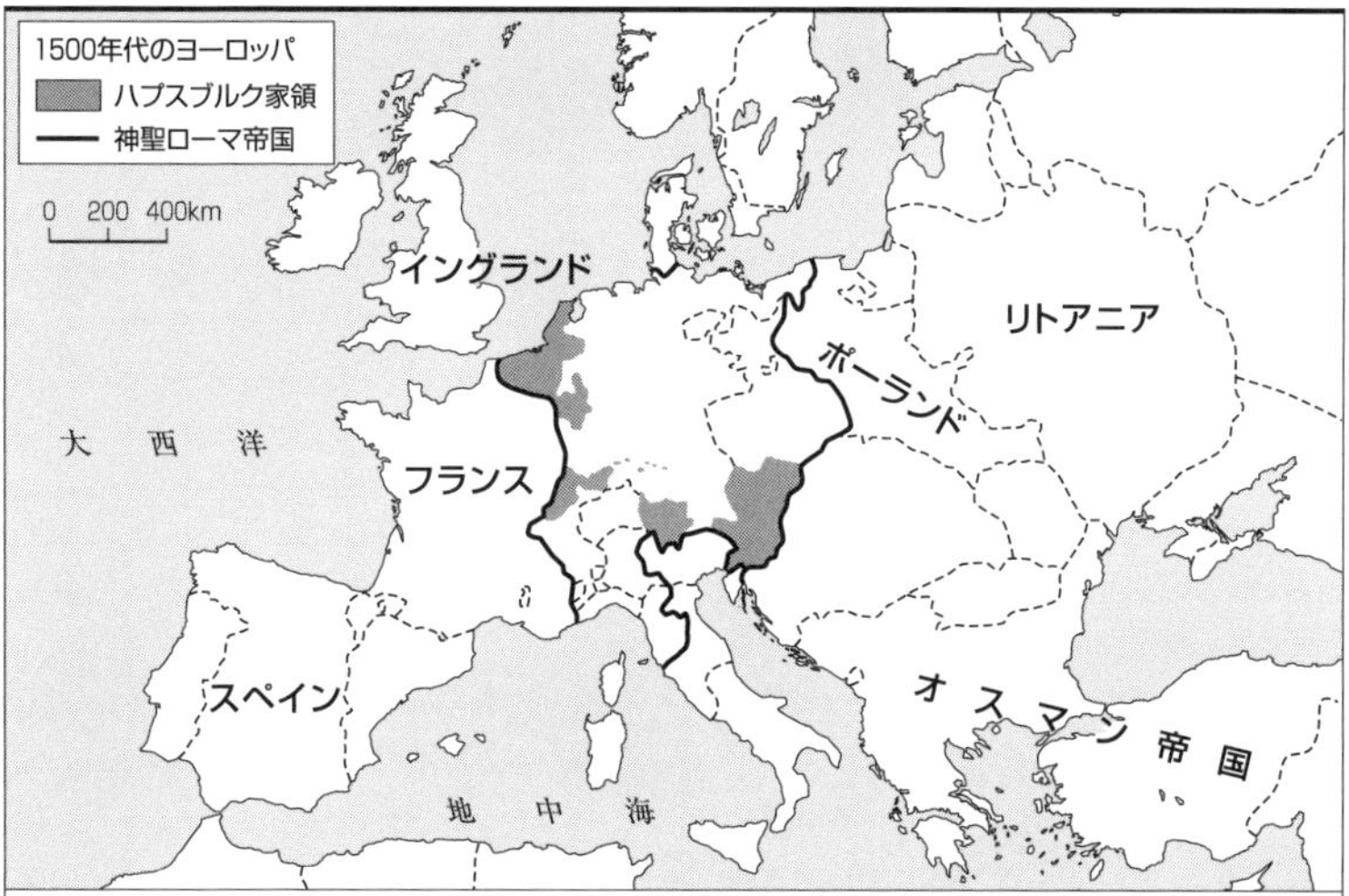

●—一五〇〇年代のヨーロッパ諸国家　自然環境や地政学的理由などによって、ヨーロッパでは国民国家体制が成立して、アジアでは広大な領域を帝国が支配することになった。

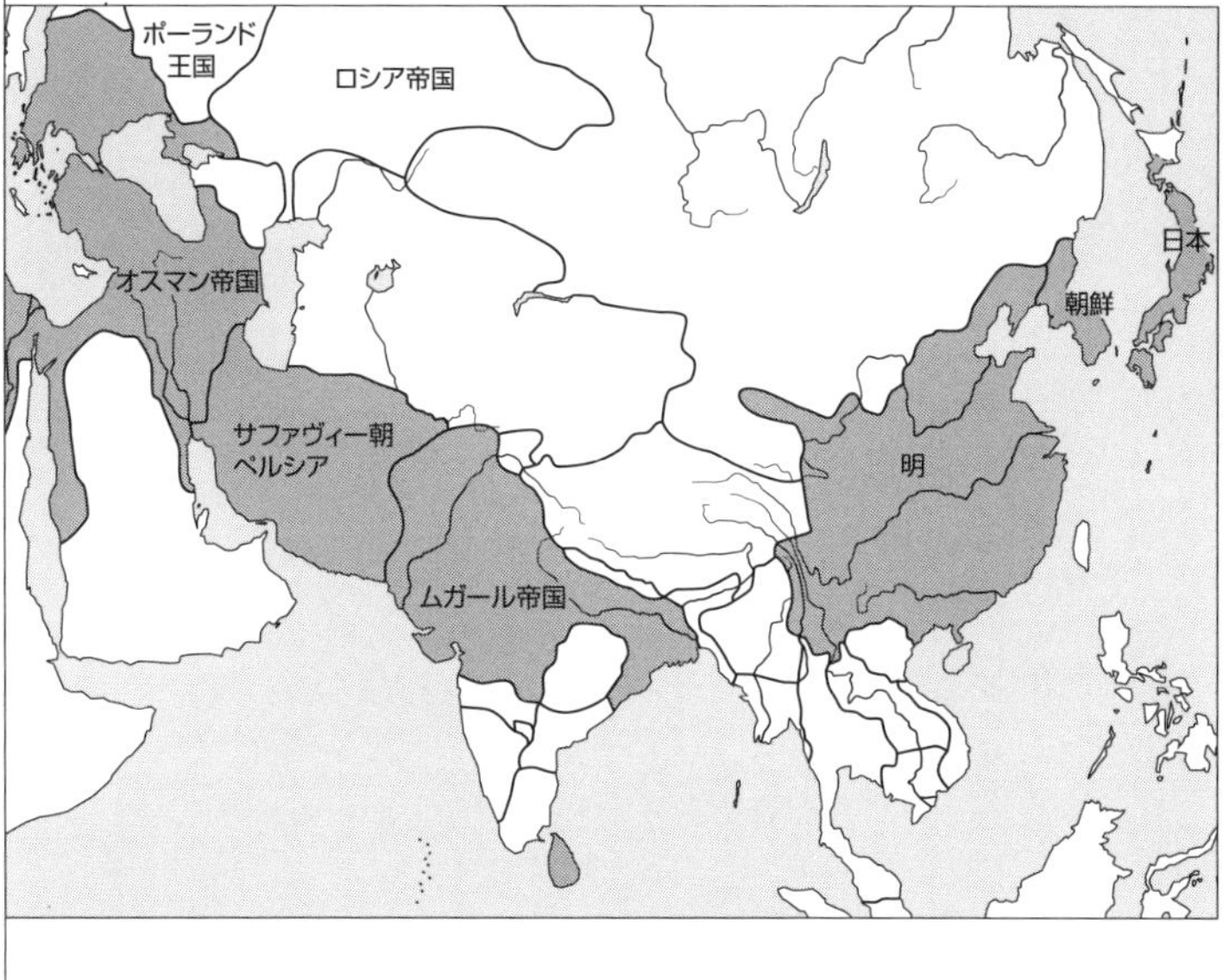

●—十七世紀のアジア諸国家

摘している。

たとえば、アジアは「帝国」というネットワーク型の統治システムが支配する地域であった。すなわち、オスマン帝国によって支配される北アフリカや中東、ムガル帝国によって支配されるインド、明朝・清朝によって支配される中国は帝国という統治システムをとった。帝国は、直接的に地域を支配して、領土と人民にたいして統一的な支配を生み出した。これらの帝国では、統治者は対外的な脅威から比較的自由であり、既存の帝国システムを基盤として支配をおこなっていた。帝国は、宗教的に非寛容であり、重税を課すことが経済発展や軍事力の増大よりも重要な関心事であった。また臣民の財産は皇帝に属することになり、所有権を保障するものでなかったことが、経済発展には桎梏《しっこく》となっていたという。

これにたいして、ヨーロッパでは、競合する国家体制が存在していたことが、国家機構をより革新的なものにした。国家体制の競合とは、一つには間欠的に戦争が発生することを指し、必然的にヨーロッパの国家は軍事的な性格をもつことになった。他方、国家は経済発展の面でも競い合っていた。この競合する国家体制によって、各国は軍事組織化や技術の改良に励み、臣民に妥協し、租税を削減するようにつとめ、統治の効率性と宗教的な寛容の度合いを競って上昇させていた。そして経済発展の阻害要因となる重税や特権的社団の存在を一掃する革命や政治変動が、ヨーロッパを特徴づけるものとなる。この見解は、オランダやイギリスで経済が発展して、アジアのなかでも国家形成を進めて植民地支配をまぬがれた日本において産業革命が成功したことを説明してくれる。

科学革命

科学の発展の軌道からヨーロッパとアジアの分岐を説明しようとする論者もみられる。一五〇〇年の時点では、アジア、とりわけイスラーム諸国は世界でもっとも科学技術が発展した地域であった。周知のように、近代科学の発展は、古代ギリシアから直接的にヨーロッパで発展したわけではなく、イスラーム社会を経由してヨーロッパへともたらされた。イスラーム諸国の優位は、数学・自然科学・天文学・地理学などの領域で一目瞭然であり、さまざまな研究機関や病院なども設立された。またジョセフ・ニーダム▲は、製紙法・羅針盤・火器

▼**ジョセフ・ニーダム**（一九〇〇〜九五）　主著『中国の科学と文明』（一九五四〜二〇〇八年）で西欧中心史観を批判して、火薬・印刷術・羅針盤・紙などの人類の四大発明の起源が中国にあることを明らかにした。中国の科学文明が西洋近代の発展に寄与したことを証明した。

中国の発明

世紀	発明数
10	29
11	38
12	27
13	34
14	37
15	18
16	36
17	43
18	7
19	2

［出典］Jack A. Goldstone, *Why Europe?: The Rise of the West in World History, 1500-1850*, Boston, McGraw-Hill Higher Education（2009）より作成

など近代以前の主要な科学技術の分野での発明が、中国に起源をもつものであることを指摘し、世界の科学文明の発展に果たした中国の役割を再評価した。それでは、なぜ遅れをとっていたヨーロッパの科学が、やがて産業革命へとつながる技術革新を生み出し、イスラーム諸国や中国は、近代科学を生み出すことがなかったのだろうか。

ヨーロッパとアジアの科学の発展の分岐を説明するうえで、二つの点を考慮しなければならない。一つは、外的な環境である。科学の発展がもたらされる時代環境とは、異なる文化的ならびに哲学的伝統が交錯する寛容の時代であり、戦争や混乱の時代に科学の発展は停止してしまう。一五〇〇年以降、イスラーム諸国は、オスマン帝国・サファヴィー朝・ムガル帝国などの三つの主要な帝国によって支配されるが、そこでは政治的支配を強化する手段として伝統的な宗教が復活、強化され、宗教的寛容が失われていった。もう一つは、自然科学の方法的基礎の問題である。前近代の自然科学は、文明のもつ宗教的ならびに哲学的伝統のなかにうめ込まれた存在であった。これにたいして、ヨーロッパの近代科学は数学を基礎として科学と宗教を分離していった。数学を根本的原

十七世紀科学革命　主要な作品

1600年	ウィリアム・ギルバート『磁石論』
1620年	フランシス・ベーコン『ノヴム・オルガヌム』
	ヨハネス・ケプラー『新天文学』
1626年	フランシス・ベーコン『ニュー・アトランティック』
1628年	ウィリアム・ハーヴェイ『血液循環論』
1638年	ガリレオ・ガリレイ『新科学対話』

理とすることが、ヨーロッパとアジアの科学の発展の分岐をもたらしたのであった。

ヨーロッパの科学がその古典的な伝統から「逸脱」していった原因は、いくつかあげることができる。スペインによるアメリカ大陸の発見、また一連の天文学における発見が、キリスト教的世界観に決定的な打撃を与えたことである。ヨーロッパ人は、世界や宇宙にかんする本質を理解しようとすれば、これまで信じてきた伝統的な思考から離脱しなければならないことを自覚する。こうして新たな哲学体系・自然の描写の方法が模索されることになり、一六〇〇年頃から新たな科学を唱える著作が刊行されていった。十七世紀半ば以降には、二つの選択肢が提出される。一つは、デカルトに代表される数学的論理から推論を重視する合理論であり、もう一つがベーコンに代表される経験論であった。後者は、実験から科学を発展させようとする思想であり、この視点がヨーロッパの科学技術の飛躍的な発展を生み、産業革命を準備していくことになった。

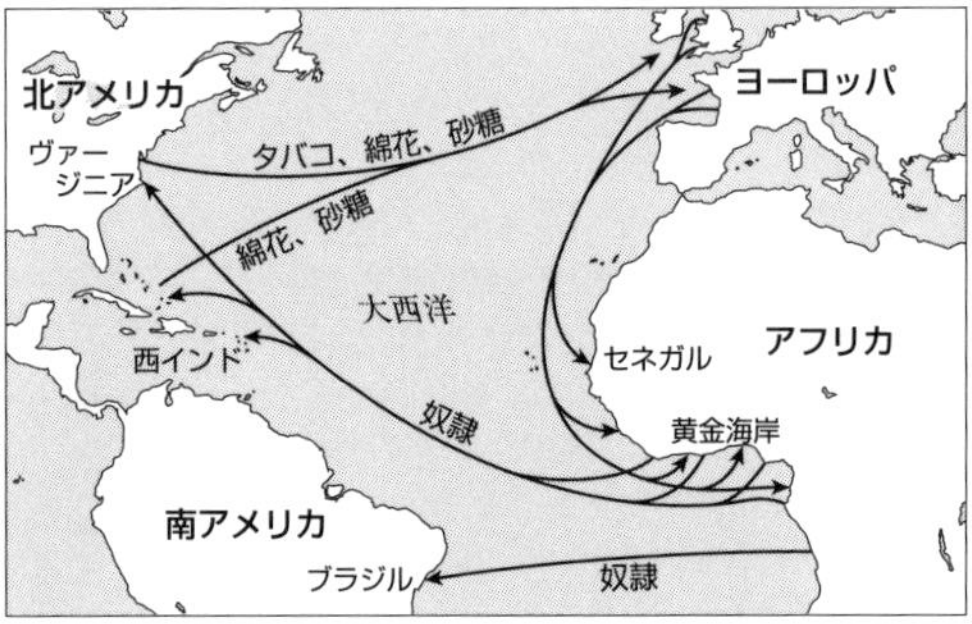

大西洋三角貿易

③—最初の産業革命

ウィリアムズ・テーゼ

世界の各地域は十七世紀に危機を経験することになるが、これを契機にヨーロッパとアジアとのあいだで分岐が次第に生じていった。前節では、ヨーロッパとアジアとのあいだに生じた「大いなる分岐」の条件として、植民地主義・国家体制・科学革命の三つについて述べてきた。つぎに、「最初の産業革命」を成しとげたイギリスを対象にみることにしよう。イギリスは石炭や新大陸との地理的近接性という条件に加えて、これらの三つの条件からすると、いかなる特質を備えていたのか。言い換えれば、なぜヨーロッパのなかでもイギリスで最初に産業革命が発生したのだろうか。それは、エリック・ジョーンズの言葉を用いれば、「小さな分岐」と呼ばれている問題である。この「小さな分岐」に集約されるイギリスとほかのヨーロッパ諸国との比較は、折にふれて述べられることになろう。

イギリス産業革命の説明において、植民地の問題は極めて重要であった。エリック・ウィリアムズ▲によれば、イギリスに産業革命をもたらしたのは、大西洋三角貿易からあがる莫大な利潤であったという。大西洋三角貿易とは、ヨーロッパからアフリカに繊維産品や銃器などの工業製品を輸出し、アフリカから大西洋を横断する「中間航路」によって黒人奴隷を運び、その労働力を使ってプランテーション農園で栽培した砂糖や綿花などの農産物を輸入するというものであった。イギリスは、この貿易によって巨大な利潤を獲得、この資本を基盤として産業革命が開始されたという。奴隷貿易▲で富を獲得したリヴァプールのような港湾都市の後背地として、マンチェスターのような工業都市が誕生したのも、こうした因果関係による。

　このウィリアムズ・テーゼについては、その数値的な正確さなどの信憑性に疑問が投げかけられることもあった。最新の研究であるジョセフ・イニコーリの『アフリカ人と英国産業革命』(二〇〇二年)は、奴隷貿易を中心とした大西洋経済が、やはりイギリスの経済発展において重要な役割を果たしたことを指摘している。イニコーリは、ウィリアムズの考察が英国領カリブ諸島に限定されていたのにたいして、スペイン領アメリカ・ブラジル・アメリカ合衆国・イ

▼エリック・ウィリアムズ(一九一一～八一)　カリブ海トリニダード・トバゴ出身の歴史家ならびに政治家。従属理論の影響を受けながら、イギリス産業革命の起源を大西洋奴隷貿易に求めるテーゼを提唱して衝撃を与えることになった。

▼奴隷貿易　大西洋三角貿易に組み込まれ、アフリカ西海岸からカリブ海やアメリカ大陸に奴隷を供給した中間航路をなした。イギリスは数百万人、ヨーロッパ諸国では総計すると数千万から億単位の黒人奴隷を強制連行したとされる。

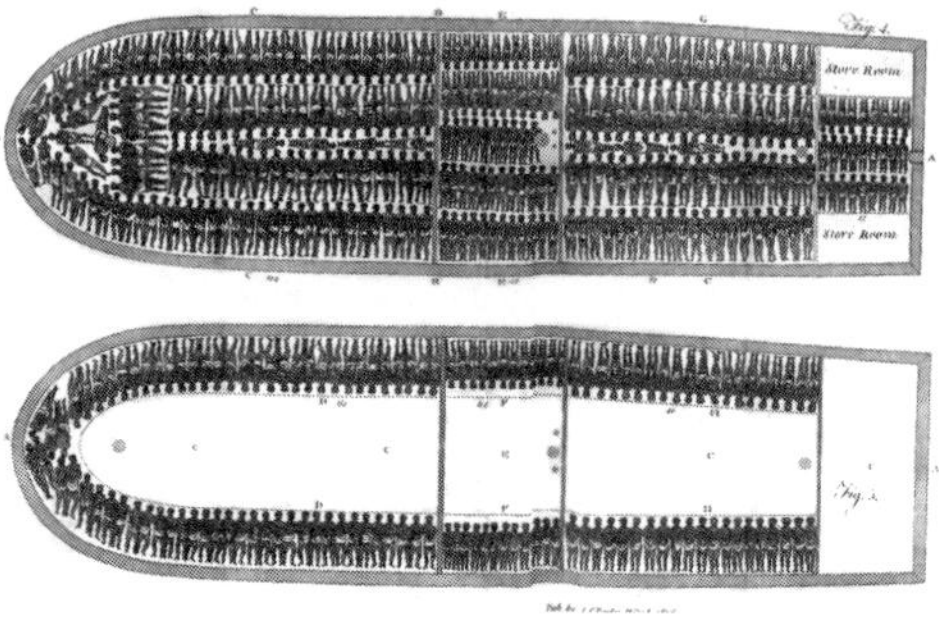

奴隷貿易船の断面図　船内の劣悪な様子がうかがえる。

ギリス領以外のカリブ諸島を含めて検討をおこなっている。イニコーリによれば、大西洋地域は単一の一体化した経済地域とみなさなければならないのであり、個々の国民経済の機能は全体のシステムに関連している。そして、一六六〇年から一八五〇年にいたるイギリス海外貿易のもっともダイナミックな発展が、大西洋の奴隷貿易を基盤とした交易活動にあったというのである。

財政軍事国家

イギリスの植民地政策と工業生産とのあいだには、密接な結合関係が存在していた。海外市場拡大のための戦争や植民地の拡大は、政府の政策に大きく依存するが、名誉革命後のイギリスには国内工業生産の利益を対外政策の基本にすえる政府が存在していた。十七世紀末のスペイン継承戦争から十九世紀初頭のナポレオン戦争にいたるフランスとの「第二次百年戦争」は、植民地争奪戦争としての性格をもっていた。大陸諸国は陸軍に軍事的な重心をおいていたが、イギリスは地政学的な位置から強力な海軍力を保持しており、造船業にみられる高い技術水準に支えられた海軍によって、これらの戦争に勝利することがで

イギリス政府の純税収額（一六九〇〜一七九一年）

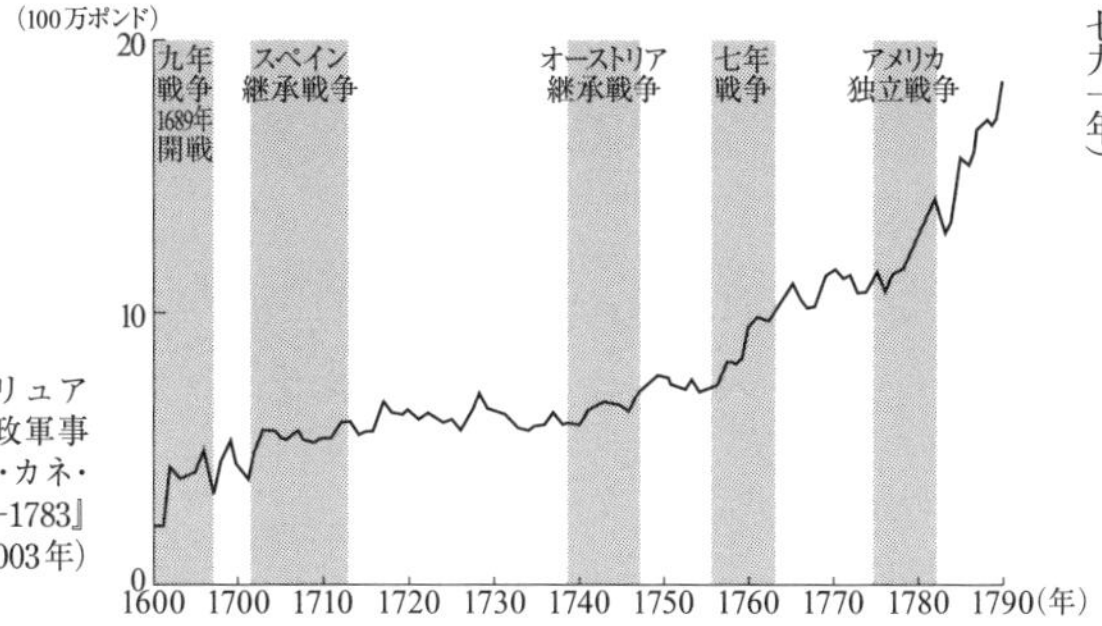

［出典］ジョン・ブリュア（大久保桂子訳）『財政軍事国家の衝撃――戦争・カネ・イギリス国家 1688-1783』名古屋大学出版会（2003年）より作成

きた。そしてこの海軍の存在によって、イギリスは、帝国内の安全を確保することができ、海外との交易活動において優位性を確立することが可能となったのである。

　近年、イギリスが第二次百年戦争に勝利することができた原因をめぐって、「財政軍事国家」という概念を用いて重要な問題提起がおこなわれている。イギリスにおいて直接的に戦時財政をまかなうことになったのが、イングランド銀行が発行する国債であったが、この国債に信用を与えたのが「議会」であった。財政軍事国家論では、イギリスが「議会」という合意調達機構を保持することによって、当時のヨーロッパ諸国と比較しても租税負担の大きな「重税国家」を実現することができたのだという。租税は、地主の負担となる地租から大衆課税となる関税・消費税へと重心を移していったが、近代的な徴税機構を確立していったイギリスは、効率的な資源の動員に成功したというのである。逆説的であるが、こうした重税国家において経済発展が促され、産業革命が惹起されたのである。

　また国内市場の発展にかんしても、財政軍事国家は大きな役割を果たした。

まず法体系の整備という面では、コモンローの体系が、慣習的権利の設定というかたちで「私的所有権」を保障する体系を形成していった。これは、大陸のローマ法体系が、君主権の絶対化に帰結しやすかったのとは対照をなす。たとえば、十七世紀には知的所有権としての特許権がいち早く体系化されて、産業諸部門における技術革新を促す要因となった。また十八世紀には、エンクロージャ▲立法が、地方からの請願にもとづいて議会制定法として発布され、これが貴族階級の大土地所有権を強化して農業革命への誘因となっていった。さらにエンクロージャによって土地から遊離した労働力は、都市に流入するか農村に滞留して社会問題を引きおこした。こうした問題に対処するうえでも、議会が指導力を発揮したのである。

▼**エンクロージャ**　共有地として用いられてきた土地を囲い込んで私有化、農業生産力の増大を目的とする囲い込み運動。十八世紀の農業革命の一環としておこなわれ、十六世紀の羊毛産業の育成のための第一次エンクロージャと区別される。

啓蒙科学

一連の技術革新は産業革命の中核となる現象であるが、その背景となる啓蒙思想についてみてみよう。最近の研究によれば、フランス啓蒙は抽象的かつ演繹的であり、そこから大思想家を生み出すことになった一方で、イングランド

▼イングランド啓蒙　フランス啓蒙がモンテスキューやルソーを、スコットランド啓蒙がヒュームやスミスなどの大思想家を生み出したのとは対照的に、イングランド啓蒙は広範な裾野をとって展開したことに特徴がみられる。

啓蒙▲の特質は、実用的かつ実利的であり、帰納的であり、幅広い裾野をもって地域社会レヴェルで展開した点にあるという。事実、産業革命の時代のイングランドでは、科学と技術が相互に密接な関係にあり、そこから発明と改良が生み出されることになった。経済史家のジョエル・モキアは、こうしたイングランド啓蒙の特質をとらえて「産業的啓蒙」という概念を提出している。モキアは、産業革命のもたらした一連の発明の原因を科学革命と啓蒙思想に求める。それは「物質的進歩と経済成長は、自然現象にかんする人間の知識の増大と、この知識を生産に利用できる人物が手にすることでもたらされる」という啓蒙の信念を示している。

この産業的啓蒙論は、以下のような、いくつかの重要な側面を含んでいる。第一は、発明家にかんするもので、モキアは、産業革命期の発明を、過去の技術体系との急激な断絶を意味する「マクロな発明」と、既存の技術体系にたいして改良をもたらす「ミクロな発明」の二つの類型に区分する。産業革命の時期をつうじて偉大なる技術革新をおこなったのは、化学・金属・蒸気・繊維などの領域における一〇人ほどのマクロ発明家であったとされる。第二に、こう

「マクロな発明」と「ミクロな発明」

	マクロな発明	ミクロな発明	合計
窯業	1	11	12
化学	0	10	10
時計学	0	8	8
器械	0	3	3
機械装置	1	12	13
金属	2	8	10
航海術	0	2	2
蒸気機関	2	6	8
繊維	4	9	13
合計	10	69	79

［出典］Robert C. Allen, *The British Industrial Revolution in Global Perspective*, Cambridge, Cambridge University Press（2009）より作成

した発明家たちは、知識人と生産者を媒介する啓蒙の社会的ネットワークのなかで活動していた。それらには、ロンドンの王立協会をはじめ、地方レヴェルではバーミンガムの月光協会に代表される「科学哲学協会」、アカデミーやフリーメーソンの支部、コーヒーハウスが含まれるという。

技術革新

最近の研究は、こうした発明と技術革新のもつ複雑性と多層性を共通して強調している。すなわち、十九世紀初頭のほとんどの技術革新は小規模の発明や改良のもたらした成果であるとして、「ミクロな発明」の意義が強調されている。ミクロな発明は、「マクロな発明」のもたらした成果を実用可能なものとして普及させていったのである。こうしたミクロな発明は、特許申請のかたちをつうじて確認することが可能であるが、すべてが特許となったわけではないので、その全体像を把握することは必ずしも容易ではない。ミクロな発明家の多くは今日では専門家を除けばあまり知られていないが、モキアらによれば六九人の名前があげられている。実際のところ、綿紡績機や蒸気機関を別にすれ

●十八世紀イギリスにおける年間書籍刊行数(上段：冊数、下段：%)

年代	総計	歴史・地理	美術	社会科学	医学・自然科学・工学	文学	宗教・哲学	法学	参考図書
1701-10	1045.1 (100)	72.6 (6.9)	11.5 (1.1)	217.1 (20.8)	58 (5.5)	193.1 (18.5)	399.1 (38.2)	72.8 (7.0)	20.9 (2.0)
1711-20	1179.3 (100)	82.2 (7.0)	9.3 (0.8)	289 (24.5)	61.4 (5.2)	240.3 (20.4)	415.8 (35.3)	58.9 (5.0)	22.4 (1.9)
1721-30	1003 (100)	89.8 (9.0)	18 (1.8)	162.5 (16.2)	92.5 (9.22)	259.1 (25.8)	308.2 (30.7)	46 (4.6)	26.9 (2.7)
1731-40	1065.7 (100)	85.3 (8.0)	22.2 (2.08)	166.7 (15.6)	80.7 (7.6)	311.7 (29.2)	311 (29.2)	57.5 (5.4)	30.6 (2.9)
1741-50	1184.6 (100)	107.2 (9.0)	16.9 (1.4)	220.2 (18.6)	95.3 (8.0)	301 (25.4)	349.7 (29.5)	67 (5.7)	27.3 (2.3)
1751-60	1355.6 (100)	124 (9.1)	26.8 (2.0)	219.6 (16.2)	108.9 (8.0)	375.2 (27.7)	345.2 (25.5)	120.3 (8.9)	35.6 (2.6)
1761-70	1666.1 (100)	152.8 (9.2)	39.9 (2.4)	234.8 (14.1)	123.1 (7.4)	481.7 (28.9)	345.8 (20.8)	248.5 (14.9)	39.5 (2.4)
1771-80	1823 (100)	193.5 (10.6)	44.2 (2.4)	278.2 (15.3)	162.4 (8.9)	609.6 (33.4)	381.1 (20.9)	88.8 (4.9)	65.2 (3.6)
1781-90	2153.4 (100)	242.9 (11.3)	56.7 (2.6)	403.2 (18.7)	190.7 (8.9)	686.5 (31.9)	412.4 (19.2)	98.4 (4.6)	62.6 (2.9)
1791-1800	2978.5 (100)	309 (10.4)	58.1 (2.0)	648.1 (21.8)	268.5 (9.0)	853.7 (28.7)	625.9 (21.0)	129.7 (4.4)	85.5 (2.9)

［出典］Joel Mokyr, *The Enlightened Economy, Britain and the Industrial Revolution, 1700-1820*, London, Penguin(2009)より作成

●同時代の画家、ジョセフ・ライト作の「空気ポンプの実験」(一七六八年)　月光協会のような啓蒙サークルの雰囲気を伝えてくれる。

バーミンガムの仕事場生産　銃身の溶接(右)と研磨(左)。

ば、マクロな発明のほとんどがフランスに起源をもつものであり、亡命ユグノーなどをつうじてイギリスに移植されて改良されたものにすぎない。イギリスの技術的な成功の秘密とは、こうしたミクロな発明を持続的に遂行することができた点にある。

マクロな発明とミクロな発明の区分は、産業革命期の技術革新の複雑性を示すものであるが、また伝統的な産業部門の存続も生産過程の多層性を示すものとなった。蒸気機関は近代産業都市の形成の原動力となり、「天高くそびえる煙突から煙を吐く工場」が古典的な産業革命のイメージを形成していった。しかし、「世界の工場」と呼ばれた産業革命期のイギリスにおいても、主要な生産形態が、伝統的な職人たちによって担われる仕事場(ワークショップ)生産にあったことが指摘されている。事実、バーミンガムやブラック・カントリーの金属加工業など多くの産業部門においても、依然として仕事場生産や手工業が支配的であった。そこでは、手工業的技術の革新をおこなうことによって生産性を高める試みが続けられることになった。

以下では、いくつかの事例から、産業革命期の技術革新のもった意味を歴史的文脈のなかで明らかにしてみよう。

蒸気機関

マクロな発明のなかで決定的な役割を果たしたのが、蒸気機関であった。蒸気機関は、十七世紀科学のなかでさまざまな試みがなされていた。トマス・ニューコメン▲が蒸気機関の発明に取り組んだのは、一つには技術的な必要性にもとづくもので、炭坑の採掘にともなう流出水の排水用のポンプを起動させるためであった。もう一つの動機は、特許を獲得することによって経済的利益を得ようとするものであった。科学的探究心の追求、あるいは啓蒙サークルとのネットワークが、ニューコメンの発明をもたらしたわけではなかったのである。事実、ニューコメンは、十七世紀の物理学のなかで発見された大気圧や蒸気の圧縮が真空状態を生み出すという事実を認識しないままに、エンジンを考案する。しかし、彼が蒸気機関の特許を売却することになる人物との接触が、科学革命の産物たるフランスの原基的な蒸気機関について学ぶことを可能にしたと考えられる。

▼トマス・ニューコメン（一六六三〜一七二九）　イギリスの発明家。最初の実用的な蒸気機関を発明し、一七一二年に排水機としてバーミンガムに設置した。彼の蒸気機関はその後も改良が加えられたが、ワットの蒸気機関によって徐々に駆逐された。

原初的なニューコメンの蒸気機関に改良を加えたのは、ジェームズ・ワット▲であった。ワットは蒸気をシリンダーの内部だけではなく外部でも復水器という装置を使って冷却して、石炭消費量を四分の一以下に減少させた。これらは、とくにコーンウォールなどの銅山地帯に導入されていった。また、ポンプの起動力に、ピストンの往復運動を組み込むことで動力として利用した。これによって、蒸気機関が水力にかわる動力源として、鉱山業以外の産業にも拡大していったのである。ワットは、グラスゴー大学で技師として研鑽《けんさん》を積み、バーミンガムでは先述の月光協会に属した点で、啓蒙科学の嫡子というべき存在であった。彼は経営者マシュー・ボウルトンとの共同経営をつうじて、科学的実験を繰り返しながら改良を加え、蒸気機関の製造において大きな役割を果たすことになった。ニューコメンやワットのマクロな発明に続くのが、ミクロな発明による改良の過程である。こうして蒸気機関は鉱山だけではなく、広く一般の工場の原動機として使用され、さらに蒸気船や蒸気機関車の動力としても活用されることになった。

▼ジェームズ・ワット（一七三六～一八一九）　スコットランド生まれの技術者。ニューコメンの蒸気機関を改良し、一七八一年には往復運動を回転運動にかえることなどに成功。この画期的な発明以後、蒸気機関はさまざまな機械の動力として用いられることとなった。

ソーホー工場　ボウルトンの経営する工場。

▼飛び杼（梭）　イギリスの杼の製造職人ジョン・ケイ（一七〇四〜六四）が一七三三年に発明。織機で緯糸をとおす杼はそれまで人間の手で投げられていたが、飛び杼は引綱を引くだけで杼の往復運動がおこなわれるように工夫された。この発明は本格的機械の登場を意味した。

女性の家内労働

綿工業

産業革命は、衣料生産とりわけ綿工業の機械制大工場を中心に推進されていった。一七三三年に織布工ジョン・ケイが「飛び杼▲」という織布の速度を倍にする機械を発明して、これが一七六〇年代までに普及していった。この「飛び杼」のもつ革新的な意義は、手織の織布過程の速度を飛躍的に高め、綿業の紡績部門に大いなる圧力を加えたことにある。十八世紀以前の紡績工程は、主として小さな糸車を使いながら、手作業によって女性が家庭でおこなっていた。それは低賃金ではあったが、労働集約的であり比較的コストのかかる工程であった。この状況に対応する技術革新は、一七六〇年代に手織工の出身のハーグリーヴスによる「ジェニー紡績機」の導入を契機として開始された。ジェニー紡績機は小型の紡績機であったが、当時の綿工業で農業と結合して営まれていた緯糸《よこいと》生産を改革する点で決定的な意義をもった。

ほぼ同じ時期に、ランカシャの時計産業の職人を技術的基盤とするリチャード・アークライトによって発明された「水力紡績機」は経糸《たていと》生産に適していた。一七九〇年代になって、ジェニー紡績機と水力紡績機を結合したクロンプトン

イギリスの綿花の輸入・消費量

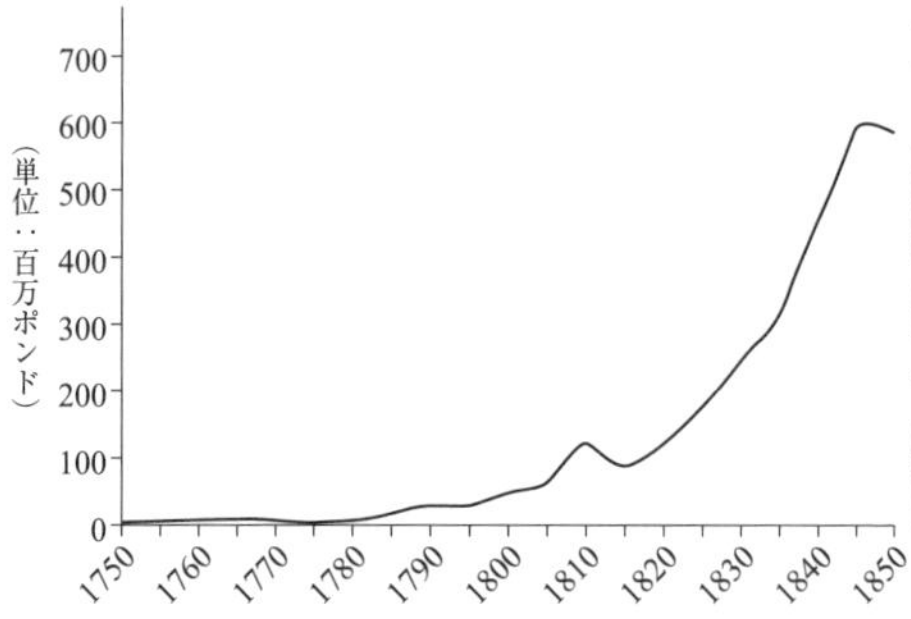

［出典］Emma Griffin, *A Short History of the British Industrial Revolution*, Basingstoke, Palgrave Macmillan（2010）より作成

の「ミュール紡績機」が導入され始める。この「ミュール革命」は、良質の経糸と緯糸の生産の飛躍的増大をもたらして、モスリンのような高級製品も生産されるようになり、インド製品の独占状態を打破していった。その後は、ミクロな発明としての一連の改良がミュール紡績機に加えられ、一八二〇年代にはリチャード・ロバーツによる「自動ミュール紡績機」が発明され、紡績技術の革新が頂点をむかえる。この綿糸の大量生産は、織布部門との不均衡を生み出した。エドモンド・カートライトは、一七八五年に馬力で織機を動かす力織機を発明したが、多くの手織工を廉価で利用することができたため、力織機の拡大は緩慢であった。実際のところ、手織工たちによって良質の衣服が生産できたのだった。

一七五〇年から九〇年のあいだに綿花の輸入量は二七六万トンから三〇七四万トンへと増加し十一倍となったが、この急速な拡大は石炭をエネルギー源としたものではなかった。六〇年代にアークライトによってノッティンガムに建設された最初の綿紡績工場は、馬力によるものであった。十八世紀末までにダービシャやランカシャなどに建設された紡績工場は水力を動力とし、農村部の

●ジェニー紡績機　一七六四年、イギリスの発明家ハーグリーヴス（一七二〇?～七八）によって発明され、多数の紡錘を一人で動かすことができる。販売当初は失業を恐れる労働者に破壊されたが、一七七〇年代に水力紡績機とともに広く普及した。

●水力紡績機（ウォーター・フレーム）　一七六〇年代にイギリスの発明家アークライトによって開発され、六九年に特許が取得された。七一年には水力による工場がクロムフォードに建設された。八五年に特許が取り消されると、普及がすすんだ。

●ミュール紡績機　一七七九年、イギリスの技術者クロンプトン（一七五三～一八二七）が発明した紡績機。ミュールはウマとロバの合の子のラバ mule の意で、ジェニー紡績機と水力紡績機の長所をかけ合わせてつくられたことからこの名で呼ばれるようになった。

急な河川の勾配の流れを利用した。しかし、一八〇〇年以降、ミュール紡績機の登場によって、綿工業は蒸気機関を導入することで、ほかの産業部門に先駆けて工場制度が生み出され、一七七〇年から一八一五年のあいだに、二二〇〇%の割合で産出高を増大させた。エネルギー源として石炭燃料への転換がはかられ、綿紡績業の立地が生産条件で有利な都市に集中するようになったのである。

製鉄業

製鉄業は、二つの工程から成り立っていた。一つは、鉄鉱石から鉄を抽出する銑鉄過程である。十五世紀以来、鉄を溶かす溶鉱炉は木炭を動力源としてきたが、十八世紀になると生産量が停滞し始める。溶鉱炉に石炭を燃料として用いる場合、石炭に含まれる硫黄などの不純物を取り除くこと、そして持続的な送風によって高温状態を保つ必要があった。十八世紀初頭にエイブラハム・ダービー▲一世がコールブルック製鉄所において開発した銑鉄法は、石炭を蒸し焼きにしたコークスを利用することで不純物の除去に成功した。ダービーは、優

▼**エイブラハム・ダービー**　イギリスの同姓同名の製鉄業者一家。父(一六七八～一七一七)が従来の木炭のかわりにコークスを用いた鉄鉱石融解に成功。その子(一七一一～六三)がコークス製鉄法を発展させ、石炭製鉄の基礎を築いた。

れた技術をもつ職人に支えられ、またクエーカー教徒によって財政的な支援を受けながら、この開発をおこなった。ダービーのコークス製鉄法が普及していくのは、既存の「ふいご」にかわる送風シリンダーが開発されて、送風装置が改良されてからのことである。さらに水力にかわって蒸気機関が動力源として利用されると、石炭を燃料とする銑鉄生産が飛躍的に拡大していった。

十八世紀後半以降、銑鉄から棒鉄を生産する過程(葰鉄)は、溶鋼過程での生産力の上昇とともに生産の規模拡大が促進され、木炭への依存からの脱却が求められていた。これを解決したのが、一七八三〜八四年のヘンリー・コートによって完成された、反射炉を利用した「パドル炉」による錬鉄生産であった。反射炉の特徴は、火床と炉床が分離しており、燃料と接触することなく銑鉄を溶解・精錬することができ、石炭を用いても硫黄が鉄に混入する恐れがなくなったことにある。パドル炉で抽出された鉄塊を鍛造・成形する工程でも「はねハンマー」にかわり「圧延機」が用いられるようになった。はねハンマーは水力を動力としていたが、蒸気機関を動力とする圧延機の利用が拡大していった。このプロセスが九〇年代に急速に採用されて、木炭不足で危機に瀕していたイ

イギリスの銑鉄の生産高

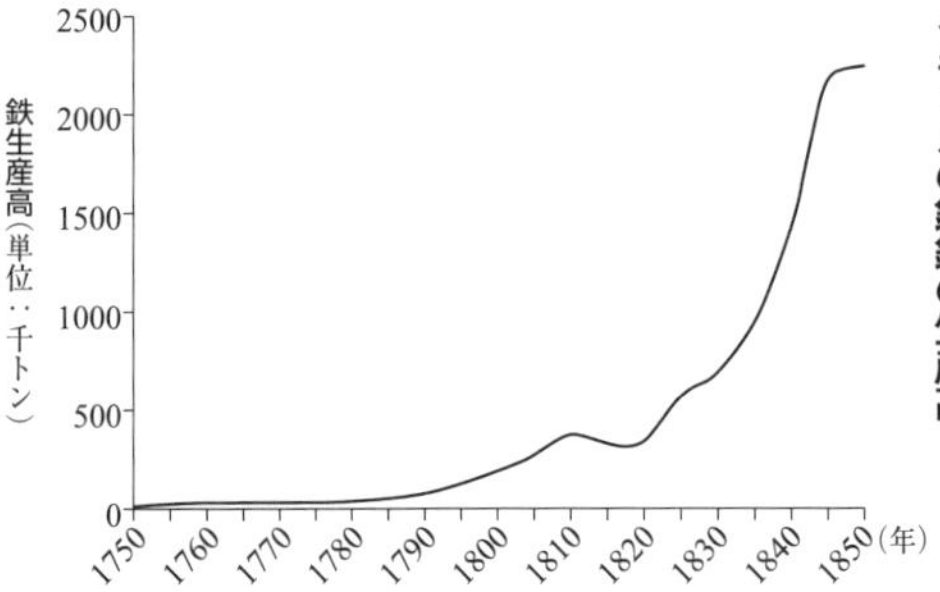

［出典］Emma Griffin, *A Short History of the British Industrial Revolution*, Basingstoke, Palgrave Macmillan (2010)より作成

ギリス製鉄業は、木炭製鉄から石炭製鉄への転換によってこれを乗り切った。

こうした技術革新が、製鉄業の規模、エネルギー消費量ならびに立地を大きく変容させていった。製鉄業は小規模なかたちで農村部において経営されていた。それは、十八世紀までは大量の木炭燃料が用いられ、稀少な木材を資源として必要としていたからである。コーク炉が開発されたときでさえ、ほとんどの生産者は木炭を使い続けていた。事実、一七五〇年時点で銑鉄の九五%が木炭を燃料とするものであった。だが、石炭を利用するようになると、銑鉄の生産量は、二万八千トン（一七五〇年）、一八万トン（一八〇〇年）、二〇〇万トン（一八五〇年）と急増した。また製鉄業の中心地も、伝統的なシュロップシャから、鉄鉱石や石炭の豊富な産地へと移動していった。一七八〇年代に南スタフォードシャや南ウェールズは、イギリス全体の鉄の三分の一を生産していたが、五〇年後には三分の二まで増加したのであった。

エネルギー革命

産業革命の中心にエネルギー革命を位置づける説は、近年、急速に支持を集

●—**製鉄業の立地変化**　一七七六年の鍛冶場(上)、水力を利用するために山間部の川沿いに立地している。一八二五年の製鉄工場(下)、都市で蒸気機関を動力としている。

イギリスの一人あたりのエネルギー消費量

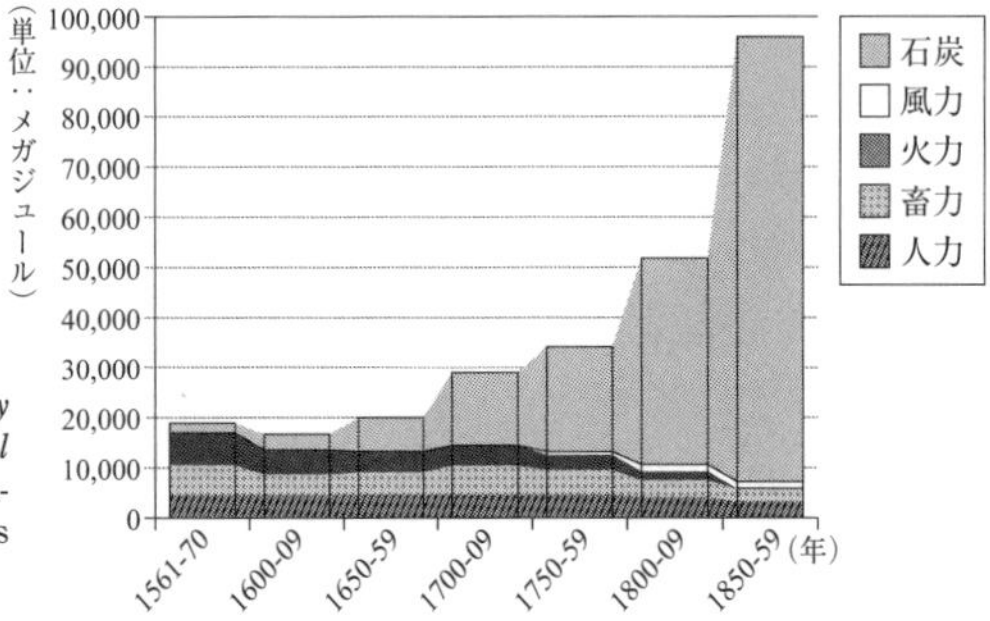

［出典］E. A. Wrigley, *Energy and the English Industrial Revolution*, Cambridge, Cambridge University Press (2010)より作成

めている。それによれば、産業革命以前にあっては、人口と産業の成長は、天然資源の存在と土地をめぐる競合によって制限されていた。土地が食糧だけではなく製造業で用いられる原料の主要な源泉である限り、土地の生産性が成長に限界を設けていたのであった。このように、衣食住・燃料・動力という経済活動の基本的要素が、主として植物や動物に依存して、土地の生産性に根本的に制約されていた時代を「有機物依存経済」と呼ぶ。産業革命は、資源やエネルギーの観点からすると、薪炭にかわって石炭コークス、人力や畜力ないしは風水の力にかわって蒸気というかたちで、高度の有機物依存経済から「鉱物依存経済」への移行の画期となった。

鉱物依存経済においては、産業が木材ではなく石炭をエネルギー源として利用するため、これまでの数世紀において人口と産業の成長の足かせとなってきた要因が除去されることになった。これまで土地をめぐって競合していた、人間の生存維持と産業の成長の二つの要因が和解したのである。これによって、想像を絶する人口増加と経済成長が実現可能となった。石炭という無尽蔵の鉱石資源が、空前の規模での長期的な経済成長を可能としたのである。石炭は、

エネルギー価格の比較（一七〇〇年代初頭）

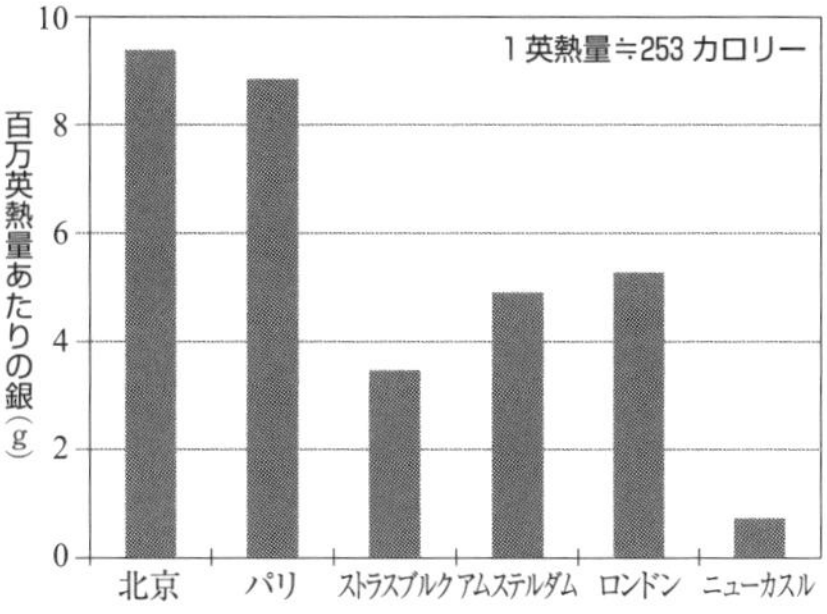

［出典］Robert C. Allen, *The British Industrial Revolution in Global Perspective*, Cambridge, Cambridge University Press（2009）より作成

産業・暖房・調理のための燃料を提供した。土地は、拡大する産業部門が必要とする人口に食糧を提供するために利用されることになった。もちろん、石炭は有限の資源である。しかし、そのほかの資源に比べて無限の経済成長を約束するようにみえたのである。

この移行の過程は、つぎのようなかたちで生じた。近世のヨーロッパでは、グローバルな経済の展開と結合した都市の成長によって、木材価格が上昇して、代替的な燃料の模索が始まる。イギリスでは、安価な石炭資源の存在が、石炭を動力源とする労働節約的な技術革新をおこなう誘因を生み出していった。十六世紀半ば以降、都市としての成長著しいロンドンでは、家庭内の暖房のための資源として利用されていた木材価格が上昇したため、代替エネルギーとしての石炭が注目されるようになっていった。ダーラムや北東部、スコットランドやウェールズでの石炭生産が拡大し、水路を利用したロンドンへの輸送が増大していった。イングランドは豊富な石炭資源を採掘することによって、有機物依存経済の制約から解放されることになった。これが、伝統的なイギリス経済のパターンを解体した根本的原因となる。

▼**ＧＪ**（ギガジュール）　エネルギー使用量の単位で10^9ジュール。

炭鉱の風景　北ヨークシャのヘットン炭鉱（一八二二年）。

石炭は、一六二〇年の時点において、人力・動物力・木材とならぶ最大のエネルギー源となっていたが、石炭消費量は十八世紀に着実に増加して、ほかのエネルギー源を圧倒するようになった。一七五〇年にはイングランドとウェールズの全エネルギーの六〇％を供給していたが、一八五〇年までにはその九〇％を供給するようになっていた。石炭がエネルギー源として供給されるにしたがって、エネルギー消費量全体も加速度的に増大していった。一七〇〇年時点では一人あたり三〇ＧＪ▲、一八二〇年には六〇ＧＪであったが、一八七〇年には一二〇ＧＪとなっていった。一七〇〇年から一八七〇年までのもっとも顕著な特徴は、あらゆる形態におけるエネルギー消費量の急速な増加であり、そのほとんどが石炭によって供給されるようになったのである。

こうしてみると、一七〇〇年から一八七〇年にいたる経済成長には、二つの異なる段階があったことに気づくであろう。十八世紀にみられる着実で安定的なイギリスの工業化は、伝統的な「有機物依存経済」のなかでの経済成長のパターンを踏襲したものであった。繊維産業の水力紡績機にみられるように、初期の製造業に関連した革新のほとんどは、有機物依存経済の枠組みのなかで遂

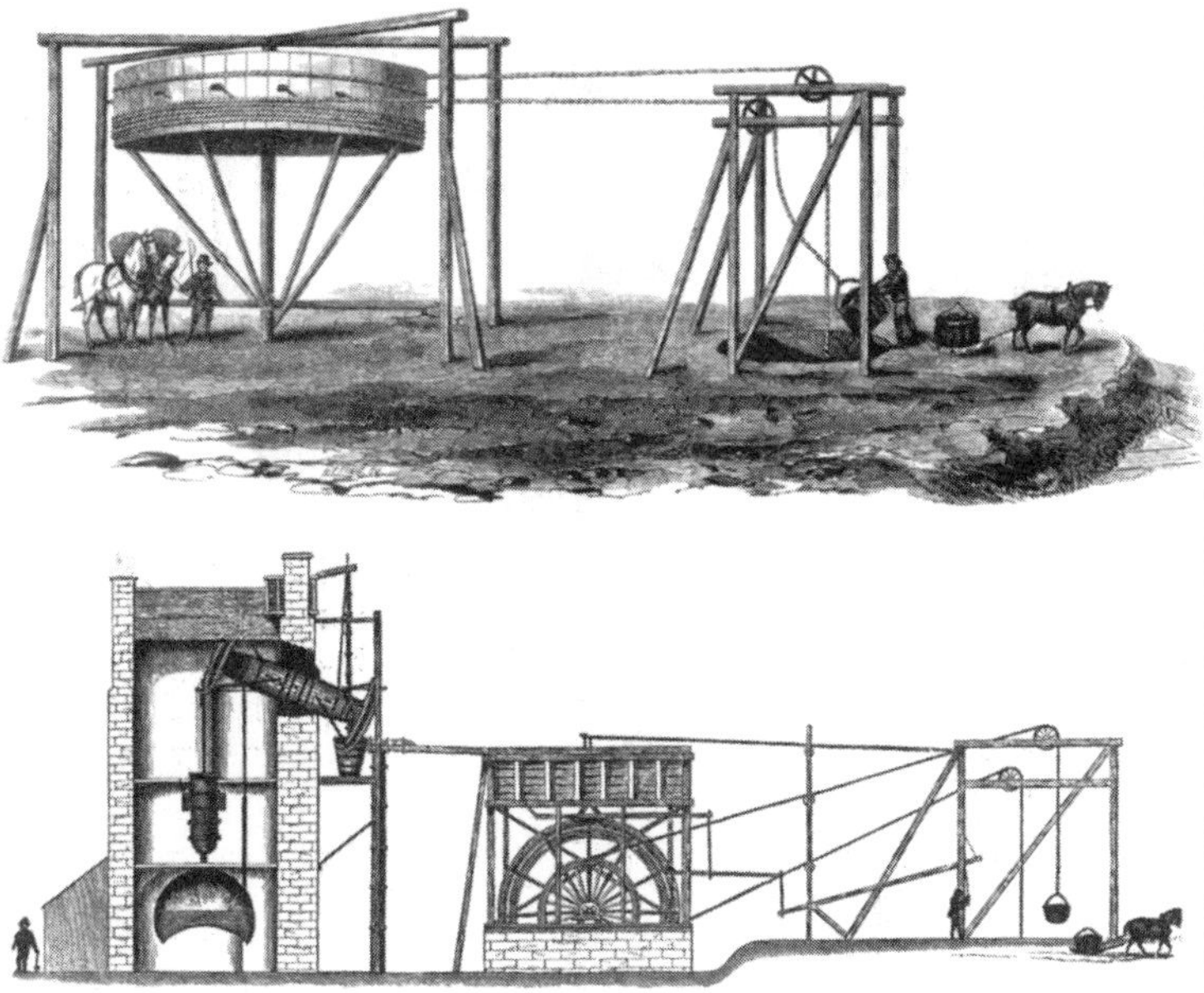

●——ジョン・テイラー『石炭業の考古学』(一八五八年)**より** 馬力に依拠した石炭採掘(上)、蒸気機関を導入しているが、運搬には馬力を利用している採掘法(下)。

●——イギリスの石炭産地 主要な石炭産地を黒で示している。

[出典] J・ラングトン，R・J・モリス編(米川伸一・原剛訳)『イギリス産業革命地図——近代化と工業化の変遷 1780-1914』原書房(1989年)より作成

行されたものだった。これにたいして、十九世紀の初頭からみられる工業化の急激な進展は、「鉱物依存経済」への転換をとげた経済成長のパターンとしてみなされるであろう。しかし、有機物依存経済から鉱物依存経済へという革命は、石炭をエネルギー源として用いる動力機関（エンジン）の技術革新と不可分の関係にあった。エネルギーの転換を促したという意味で、蒸気機関を中心とする一連の技術革新が産業革命の中核を形成したのである。

交通革命

この観点からすると、人口の移動を促す運輸業をめぐる発展、いわゆる「交通革命」と呼ばれる現象も、産業革命期の経済発展のパターンを象徴的に表現するものとなる。それは、道路輸送から水路を用いた輸送手段の発展、そして鉄道の時代へとつながっていくが、経済成長の触媒となる運輸インフラの整備といった側面だけではなく、それ自体が有機物依存経済から鉱物依存経済へのエネルギー革命を例示するものであった。水路の発展は道路輸送にかわる代替案として、鉄・木材・レンガ・銅・石炭など生産物や原料の運搬にとって重要

●——**イギリスの運河網**　ブリッジウォーターの掘削法で拡大した。

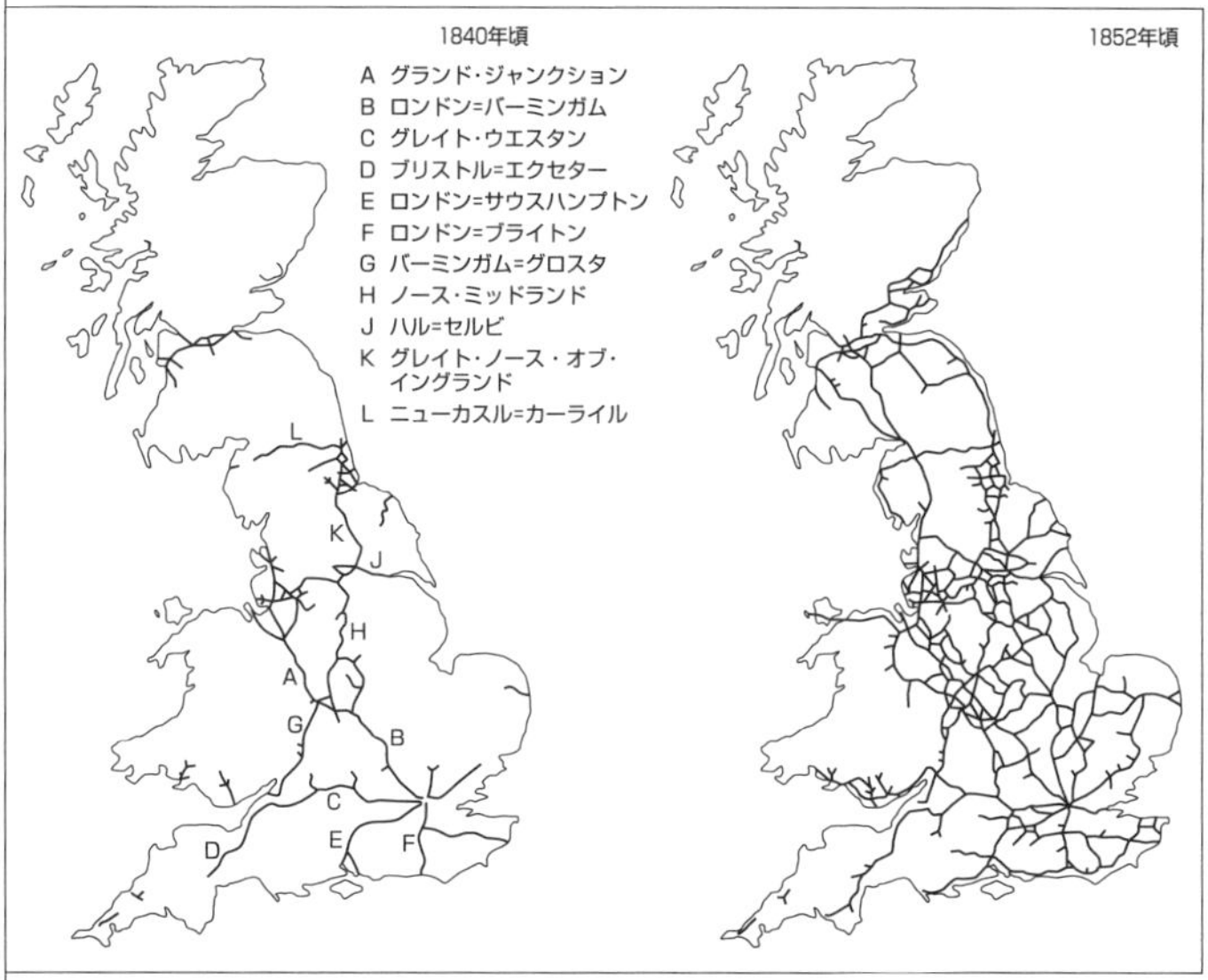

●——**イギリスにおける鉄道網の発展**(一八四〇～五二年頃)　一八五一年のロンドン万国博覧会を契機に拡大した。

[出典] J・ラングトン，R・J・モリス編(米川伸一・原剛訳)『イギリス産業革命地図——近代化と工業化の変遷 1780-1914』 原書房(1989年)より作成

▼ブリッジウォーター（一七三六〜一八〇三）　イギリスの貴族。ワースリーにある所領の石炭を一六キロ先のマンチェスターに運ぶため、一七六一年、技師ブリンドリーを使って運河（ブリッジウォーター運河）を建設。以後イギリスで、運河輸送網の建設が本格化した。

な意味をもった。内陸や沿岸で水路の改良をかさねながら貨物量を増大させたものの、一七二〇年代には限界に達する。これを突破したのが、六〇年代に登場してくるブリッジウォーター▲卿による運河開発であった。しかし、馬に引かせ、風力や潮流に依拠する水路による輸送も限界をむかえる。

　この事態を一変させたのが、鉄道と蒸気船の登場であった。木製の線路と貨物車を用いた軌道は十七世紀から存在していた。しかし、ジョージ・スティーヴンソンによる技術革新によって馬力にかえて蒸気機関が鉄道に用いられるようになると、一八二五年にストックトン・ダーリントン間に鉄道が開通し、運搬の速度と貨物輸送量の飛躍的拡大をもたらした。安価な鉄道輸送は、商業取引を拡大し、個人の移動を容易にし、郵便サーヴィスや電信サーヴィスも発達させた。帆船にかわる蒸気船の登場は、鉄製の船・蒸気機関・スクリューの開発などが結びついたもので、風や潮流の影響を受けることもなくなり、航行の定期化と貨物量の飛躍的な拡大をもたらした。これは、いずれも石炭をエネルギー源として用いる蒸気機関の開発によるものであり、技術革新と結びついたかたちで鉱物依存経済への転換がはかられていったのである。

④―産業革命という経験

鳥瞰図《マクロ》と虫観図《ミクロ》

一連のめざましい技術革新によって促進されたエネルギー革命。こうしたマクロな経済的観点からすれば、イギリス産業革命は経済発展にとっての分水嶺になっていたように思われる。他方で、ニック・クラフツらは、産業革命期の国内総生産（GDP）の成長率が、従来想定していたよりも緩慢なものであったと主張している。これは、なにを意味するのであろうか。マクロな経済指標は、国民経済レヴェルでの指標を総計したものであり、そうした全国的な平均値のなかでは、産業革命を牽引していった産業部門や地域のダイナミズムが失われてしまう。まず地理的にみれば、産業革命は綿業や機械工業などの成長部門が立地する地域の急激な発展を生み出す一方で、伝統産業の立地する地域の衰退をもたらした。この発展地域と衰退地域の平均をとった場合、必然的に全国レヴェルでの平均値は発展地域のそれよりも下方に修正され、産業革命の実像を反映したものとはならない。

▼**女性労働**　『十七世紀の女性労働者の生活』(一九一九年)で産業革命によって女性が窮乏化したとする悲観説を主張するアリス・クラークに対して、アイヴィ・ピンチベックは『女性労働者と産業革命』(一九三〇年)を著して産業革命期の女性の生活水準が上昇したとする楽観説を唱え、女性労働者の生活水準をめぐる論争がくりひろげられた。

それでは、産業革命の実像に迫るためには、どうしたらよいのであろうか。一つには、地域レヴェルの具体的な姿を明らかにすることである。しかし、地方の統計資料からは、女性や子どもの姿が抜け落ちてしまうことがある。近年、もう一つの方法として提出されてきているのが、労働者階級の自叙伝を用いた研究である。それらは、統計資料に表出された数値からこぼれ落ちる側面を明らかにしてくれる。たとえば、労働者階級の自叙伝から抽出した家計簿の記録は、生活費の支出構造を明らかにし、雇用主から支払われた名目賃金を実質賃金に換算していくうえで大きな役割を果たした。また、人口革命の要因となる結婚観の変化を読み取るうえでも、自叙伝はその動機の背後にある意識を浮かび上がらせる。さらにいえば、職業構造の変化をみるうえでも、これまでうもれてきた経験をのぞく窓の役割を果たしてくれるのである。

こうした史料を用いた研究は、共通して産業革命期の女性労働▲や児童労働の重要性を指摘している。たとえば、工場経営者たちが女性や児童を雇用したのは、伝統的な労働のパターンに慣れ親しんだ職能集団から男性の労働力を調達することが難しいと感じたことが原因であった。女性はとりわけ市場向け商品

ミュール紡績工場での女性や児童の労働　自動ミュールを用いた工場で、奥では男性、右の前方で女性や子どもが働いている姿がみえる。

生産のための手仕事をするには適合的な存在とみなされていた。また産業革命期の最大の職業集団は、女性からなる家内奉公人(サーヴァント)であった。一方、児童労働は、工場地域や鉱山などで高い割合を占めるようになっており、事実、すでに一八一六年の時点で、十三歳以下の児童は綿業部門における労働力の一三%を占めていた。さらにいえば、初期の工場経営者は労働の規律の維持にあたって家族という権威的な関係を利用することになった。経営者は、男性だけではなく妻や子どもを含んだ家族を丸がかえで雇用して、責任を負わせた家長にのみ賃金をはらい、労働規律を強化していったのである。

以下では、マクロとミクロの二つの観点から産業革命期の民衆の経験を掘り起こすことにしたい。

人口革命

イングランドでは、最初の国勢調査が一八〇一年になってようやくおこなわれたが、本格的なものとなる五一年の調査以前には、年齢・結婚・職業・出生地にかんする情報は、ほとんど信頼できるものはなく、したがって、教区簿冊

▼ケンブリッジ学派　教区に残された洗礼・結婚・埋葬などの生活史の記録をもとに、人口動態を膨大な統的処理によって解明しようとした研究グループ。ケンブリッジ大学のリグリーとスコフィールドらによって指導された。

イングランドとウェールズの人口増加（一二〇〇〜一九〇〇年）

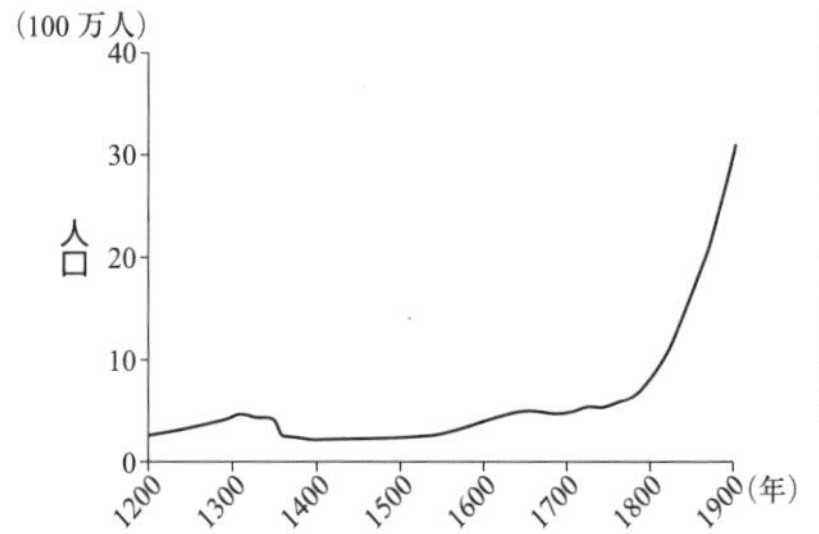

［出典］Emma Griffin, *A Short History of the British Industrial Revolution*, Basingstoke, Palgrave Macmillan（2010）より作成

に含まれた情報に依拠することになる。ケンブリッジ学派▲のリグリーとスコフィールドの研究『イングランド人口史』（一九八一年）は、教区簿冊のサンプルにもとづいて、一八〇〇年前後にみられた急激な人口増大を立証している。彼らは、イングランドの四〇四の教区から抽出した洗礼数と埋葬数をデータとして、近代以前の人口動態を復元しようと試みたのであった。それによれば、イングランドの人口は、一七〇一年には五〇〇万人であったのが、一八〇〇年には八六〇万人となり、五一年までには少なくとも一六八一万人に達した。十八世紀後半から十九世紀初頭にかけてのイングランドでは、人口動態上の断絶、いわゆる「人口革命」が発生したのであった。

人口増加の原因について考えてみよう。伝統的な見解では、種痘など医療技術の変化によって公衆衛生が改善されて死亡率が急速に減少したこと、あるいは、出生率が高い水準を維持したことに原因が求められてきた。しかし、リグリーとスコフィールドは、その原因が主に早婚と未婚女性の減少にあったとする。すなわち、一七〇〇年から一八二一年のあいだに女性の平均初婚年齢は、二六歳から二三歳にまで低下し、一人ないし二人の子どもを余計にもてるよう

人口増加の要因

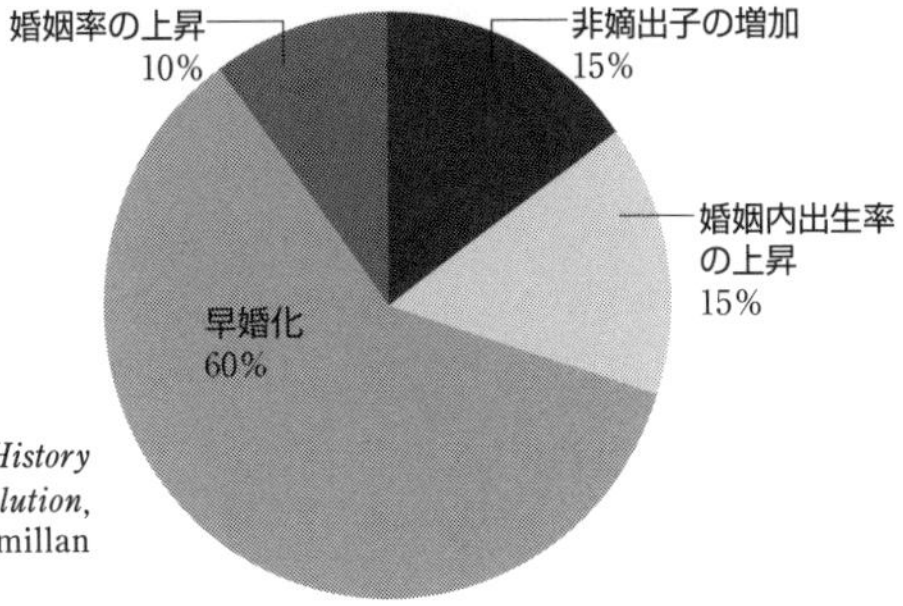

［出典］Emma Griffin, *A Short History of the British Industrial Revolution*, Basingstoke, Palgrave Macmillan (2010) より作成

になった。また未婚女性の比率は、一五%から七・五%にまで下落した。さらに非嫡出子の増加の傾向もみられた。これらは、若者たちの性的志向性(セクシュアリティ)に大きな変化があったことを示している。

その社会経済的背景としては、一七三〇年代に穀物価格が低下し、その後の経済発展によって雇用の機会が増大したこと、都市への移住によって農村の道徳的統制から自由になったこと、また都市では徒弟制度が実質的に解体して、農村でも住み込みの奉公人を賃金労働者にきりかえるようになったことなどがあげられている。これは「マルサスの罠」からの解放を意味している。マルサスによれば、人口の増大は、疫病・飢饉・戦争などの死亡率を高める「積極的抑制」、あるいは、晩婚・出産数の抑制・非婚などの道徳的要因にもとづく「予防的抑制」によってはばまれてきた。とりわけヨーロッパでは、道徳的要因による抑制が機能してきたという。しかし、若年層は、プロト工業化による経済発展によって賃金獲得と独立の機会を与えられた。都市や農村の社会的変容によって道徳的規制から自由になった若者は早婚を選択して、家族の規模が拡大していったのである。

イングランドの都市人口（一七〇〇〜一八七一年）

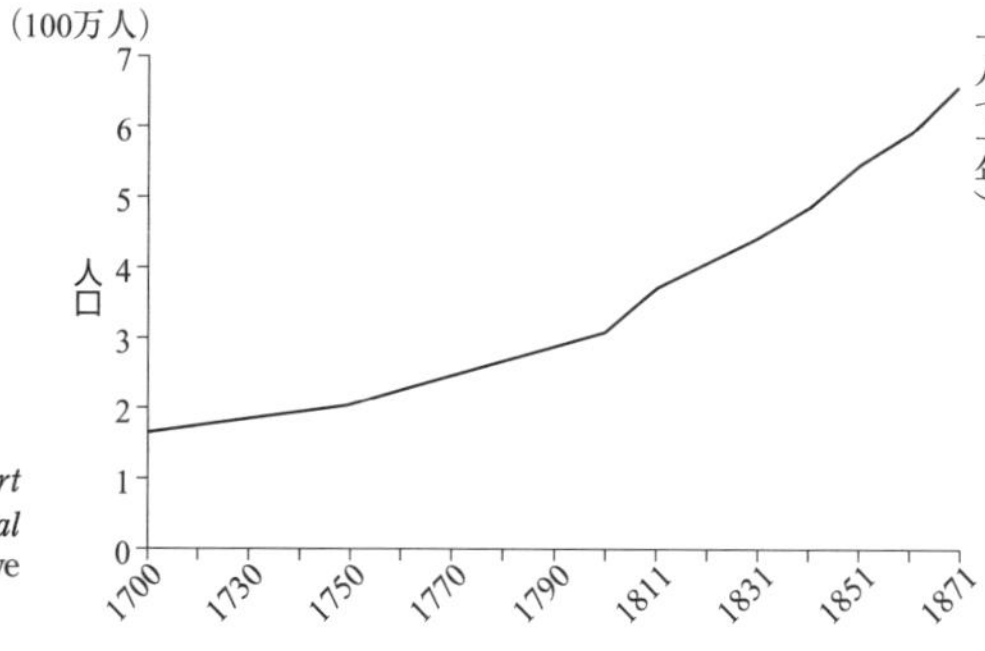

［出典］Emma Griffin, *A Short History of the British Industrial Revolution*, Basingstoke, Palgrave Macmillan（2010）より作成

都市化

人口の増大は、地域的に均等な発展をとったわけではなかった。リグリーは、人口の全国的な動向を把握したあと、イングランドの四一の州（カウンティ）毎の人口動態を明らかにしている。それによれば、一七六一年から一八〇一年までのイギリス全土での人口増加率は、平均すると三七・四％であるが、それを上回る増加率を示したのは三分の一にすぎず、三分の二がそれ以下の増加率となっていたという。伝統的な農村経済は、人口の自然増によって余剰となった男性や女性や子どもたちを吸収するには十分な資源を備えていなかったのである。人口と天然資源とのミスマッチは、「マルサスの罠」である予防的抑制によって解決されていたが、十八世紀と十九世紀には、人口の再配置というかたちで増大した人口を吸収できるようなった。これが都市化をもたらすことになる。

都市の人口の下限を規定することは容易ではないが、二五〇〇人から五〇〇〇人を一応の目安と考えれば、一八〇一年までにイングランドの人口の三分の一が、さらに四八年までには人口の約半数が、都市の住民となっていった。こ

●—**写真家トマス・アナンによる「グラスゴーの袋小路八〇番、ハイストリート」**（一八六八年）　一八六八年から七一年にかけて写真家トマス・アナンは、スコットランド最大の都市グラスゴーの旧市街を撮影した。市当局からの依頼を受け、再開発の記録として撮影された写真には、取り壊される建造物や街路、そこに生きる民衆の姿が映し出され、産業革命期の都市の生活を偲ばせる。

イギリスの主要都市人口（単位：千人）

1700年		1800年	
ロンドン	575	ロンドン	960
ノリッジ	30	マンチェスター	89
ブリストル	21	リヴァプール	83
ニューカスル	16	バーミンガム	74
エクセター	14	ブリストル	60
ヨーク	12	リーズ	53
		シェフィールド	46

［出典］Emma Griffin, *A Short History of the British Industrial Revolution*, Basingstoke, Palgrave Macmillan（2010）より作成

れは、同時代のヨーロッパ諸国の都市化と比べても顕著な割合を示すものとなる。十八世紀イングランドでは、工業地帯や港湾において都市が急激に発展する。ノリッジ・ヨーク・エクセターにみられたような古いタイプの都市が急速に衰退して、マンチェスター・リヴァプール・バーミンガムのような中部や北部における新興の都市が急激な発展をみた。ロンドンは依然として最大の都市としての位置を占めていたが、もはや圧倒的な存在ではなくなっていたのである。

　多くの都市は、交通の利便性から運河沿いに発達することが多かった。こうした都市をめぐる同時代のイメージは分裂していた。当時の都市のガイドブックには、中世的なゴシック様式の復興のなかで、教会・公会堂・病院・学校などの公共建築が、洗練された地方意識の表現として建設されていったことが記されている。他方で、公衆衛生改革運動の報告書からは、工場の煙突からの煤煙による大気汚染、都市計画を欠いた土地開発による住居不足からくるスラム街の形成などの問題が取り上げられ、その不衛生な状態が強調されることになる。実際には、こうした都市の中心部の金融や商業街には商館や事務所、労働

者街にはスラムが形成され、中産階級は郊外に職住分離の住宅を建築していった。大規模な都市では、居住環境は劣悪であり、工場の煤煙や水質汚染、コレラなどの疫病の流行によって、死亡率が出生率を超過していた。したがって、都市は外部からの人口を吸収することで発展が可能となったのである。

農業革命

このような人口動態の変化は、産業構造の変化を促していった。重商主義時代には、同時代人たちは国富の具体的イメージを構築するために社会職業構造についての統計表を作成した。グレゴリー・キング（一六九九年）、ジョセフ・マッシー（一七五〇年代）、パトリック・カフーン（一八一二年）は政治算術▲学派と呼ばれ、これらの統計史料は少なからず問題を含むものであったが、産業構造の原初的なイメージを構築していった。これらに加えて近年は、リグリーによって精緻な研究が生み出されている。それによれば、職業構成は二つの段階をへて発展している。一つは一七五〇年から一八一五年の安定的な段階、もう一つは一八一五年から七〇年で、そこでみられるのは、地域内部で生じる農業

▼**政治算術**　イングランドで十七世紀に開発された統計学的な社会認識の手法。社会構造・人口動態を数値化して国力を測定、後の社会学・統計学など社会科学の基礎を築いた。

イギリスの産業地帯別人口の増加率

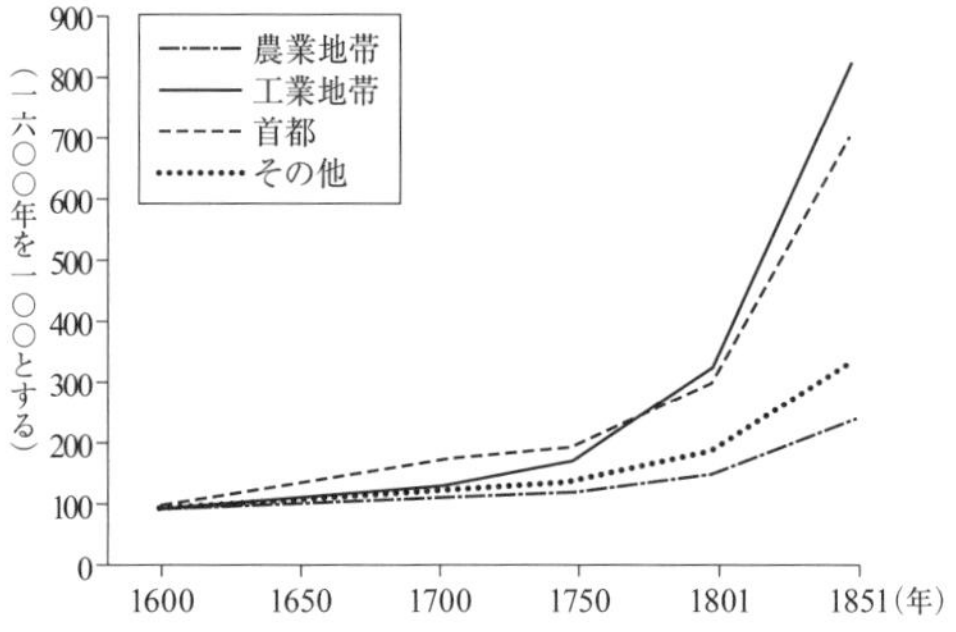

［出典］E. A. Wrigly, *Energy and the English Industrial Revolution*, Cambridge, Cambridge University Press（2010）より作成

労働力の減少であり、製造業やサーヴィス産業に従事する労働者が増大して、さらに労働力の移動がこれを加速していった。

　こうした農業からの労働力の離脱は、農業における生産力が増大したことを意味している。近年の歴史家は、農業生産高の増大は着実で安定的なものであり、十六、十七世紀から続く長期的な農業改良の一環としてみなされ、「農業革命」といわれるような劇的なものではなかったと主張している。しかし、実際には、十八世紀後半イギリスの農業労働力の生産性は、ほかのヨーロッパ諸国を凌駕することになった。したがって、一七〇〇年から一八五〇年にかけての変化と革新が重要であったことは間違いないだろう。そのような変化は、主として二つの形態で発生することになった。

　第一に、農業の技術革新である。輪作農法の導入と牧草地での栽培牧草が普及していった。この農法によって休閑地が縮小し、作付面積が拡大されると、家畜のための冬期の飼料不足という問題が解決された。羊などの家畜数の増加は厩肥の増大をもたらして、穀物の増収に帰結していった。またカブやクローバーなどの飼料作物の栽培は、土壌を肥沃なものにした。十七世紀後半以降に

▼ノーフォーク農法　カブの栽培を軸とする新農法。休耕地をなくし、小麦・カブ・大麦・クローヴァーを順次植えてゆく四輪作法で、カブが越冬飼料となったため家畜の冬期飼育が可能になり、さらにその糞尿が肥料となったため穀物の生産量も上昇した。

は、こうした新しい輪作を導入することによって、土地の肥沃度と穀物産出高が格段に増大していったのである。この農法は、イースト・アングリアなど南東部諸州で普及していったことから「ノーフォーク農法▲」と呼ばれている。産業革命期には、こうした技術が普及して組み合わされ、新しい農業経営の形態が生み出されていった。

第二に、大規模な農場の発達にともなって土地保有と農場経営の形態が変容したことである。大規模農場が出現したのは、土地の集積・集中ならびにエンクロージャ(四二頁参照)という二つのプロセスをつうじてであった。長子相続制を制度として確立することによって、貴族の大規模土地所有制度が温存される一方で、あいつぐ対外戦争によって課税される地租負担に耐えきれない中小の地主層が没落して、小規模農場の土地は買い占められていった。他方で、エンクロージャは、開放耕地制度のもとで存続してきた共有地・沼地・荒れ地を大規模農場へと組み込んでいった。エンクロージャは中世にもおこなわれていたが、十七世紀と十八世紀には議会立法により法的に認可されると、加速度的に進行していったのである。

勤勉革命

つぎに、人びとの意識についてみてみよう。労働規律については、かつてプロテスタンティズムの労働倫理の影響が指摘されてきたところである。オランダ史を専門とするヤン・ド・フリースは、近世ヨーロッパでは産業革命に先駆けて「勤勉革命」▲が発生したことを指摘した。勤勉革命は、消費と家計にみられた二つの変化によって説明でき、かつ両者は一つの意思決定の裏表の関係にあるという。第一に、消費の面において、市場にもたらされた消費財を大量に購入するようになった。民衆は、庭で野菜を栽培したり、衣服を自宅でつくったりしていたが、家庭内で消費するものを市場での取引で購入することを好むようになり、自家生産をやめてしまう。第二に、伝統的に労働者は、財の購入よりも余暇の時間の娯楽を優先していた。しかし、こうした伝統的パターンは衰退し、贅沢品を購入する賃金を獲得するために、個人が長時間の労働をおこなうようになったというのである。

「勤勉革命」の進展は、労働供給を過剰にして、十七世紀には一時的に賃金が下落するものの、十八世紀には、ほかのヨーロッパ諸国に比べた場合、イギ

▼**勤勉革命**　日本の速水融に起源をもつが、ここではオランダの歴史家のヤン・ド・フリースによって提唱された概念を指す。産業革命に先行するかたちで展開したプロト工業化の時代における労働者の心性の変化を、家計と消費にあらわれた二つの側面から考察している。

リスの労働者に高い賃金と生活水準をもたらした。高い賃金水準は、消費革命を引き起こし、民衆の食糧の質、栄養水準と体格の向上をともなった。たとえば、コーヒーや紅茶の消費は、砂糖や白パンの購入、そして陶器の皿の購入などと結びついて、新たな消費のパターンを形成していった。これは「朝食」という観念をつくり出して、パンと砂糖のもたらす高いカロリーは肉体労働のエネルギー源を提供するとともに、コーヒーや紅茶に含まれるカフェインの覚醒効果によって、早朝からの工場労働に適合的な労働力を創出することになった。

こうした「朝食の発明」は、職人的世界にみられる自由な労働時間とは違う、新たな労働規律をつくり出すことになった。近世から産業革命期をつうじて労働者の労働時間が長くなる傾向があったということは、広く確認されている事実である。労働者の世界では、いたるところにおいて「聖月曜日▲」といわれる慣習が存在していた。聖月曜日は、休日である日曜日に飲酒をおこない、月曜日も働かないという職人的な世界の労働規律の自律性と時間の観念を示していたが、その慣行が消滅するかたちで、年間総労働時間が延長されていった。最近の研究によれば、一七六〇年は二七〇〇時間前後であったものが、一八三〇年

▼聖月曜日　手工業段階の仕事場では、出来高払いの賃金のため職人たちが自由な労働時間を享受することができた。機械が導入されるまでの時期、休日である日曜日は痛飲して月曜日も休日とする慣行が継続した。これを「聖月曜日」の慣習という。

には三三〇〇時間から三四〇〇時間にまで増加したといわれている。

生活水準論争

産業革命に関連して歴史家のあいだでもっとも熱く闘わされた論争は、生活水準をめぐる楽観説と悲観説とのものであった。産業革命期のもっとも普及したイメージとしては、不健康で、高死亡率、過密な都市の劣悪な環境下での長時間労働といったものだった。産業や雇用形態の変化によって問題が発生したことは間違いない。都市の発達と改良が人口の増大と流入についていかなかったために、技術的な変化を生み、経済が不安定になった。その結果、とりわけ農業労働者の高度の失業と低賃金をもたらした。いわゆる悲観論である（トインビー、ハモンド夫妻、ホブズボーム、トムスンなど）。これにたいして楽観論は統計資料を用いて、労働者階級の実質所得が上昇していること（アシュトンとクラパム）、また死亡率が低下して、消費にかんする支出も増大していることを主張した。

まず実質賃金についてみてみよう。数量史的研究では、一八二〇年以前には

イギリスの国民総生産と実質賃金

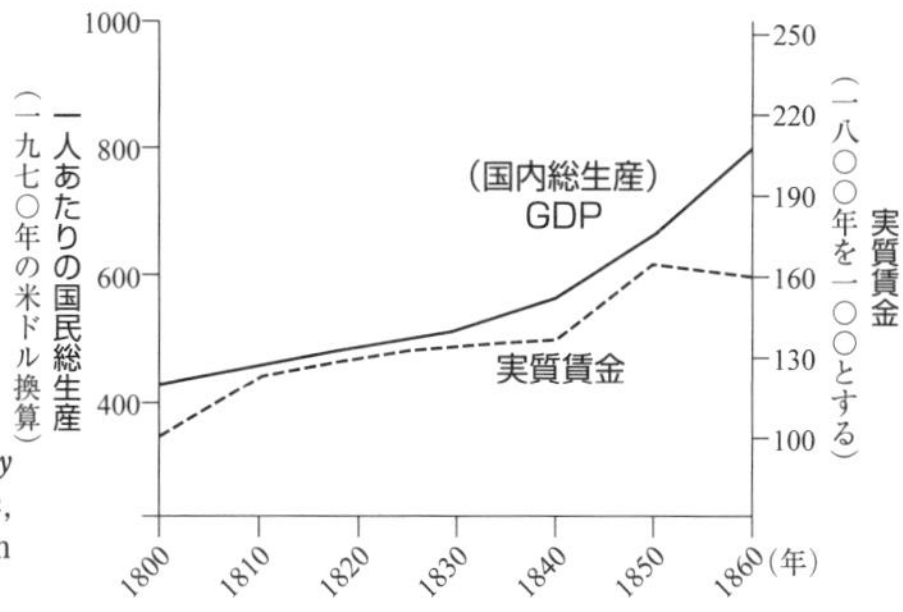

［出典］Emma Griffin, *A Short History of the British Industrial Revolution*, Basingstoke, Palgrave Macmillan (2010)より作成

労働者階級の実質賃金が上昇していたことを立証することは難しいものの、その後、賃金が倍増したことを示すようになった点では一致している。マクロな指標では、一八〇〇年以降に国内総生産（GDP）は増大しているにもかかわらず、実質賃金は五〇年を頭打ちにして伸び悩んでいる姿が明らかとなる。国民所得の指標と実質賃金の動向との乖離《かいり》は、不平等や格差が存在したことを裏づける。さらに最近の研究は、名目賃金に加えて生活費支出を考慮するようになっており、したがって、個人レヴェルでの賃金よりも「世帯」に焦点をあてるようになりつつある。賃金所得、消費支出、栄養価の総体を意味する「世帯経済」という概念を導入することで、「家族」という単位での家計の詳細な収支を検討して、産業革命期の労働者の実質賃金を把握しようとしているのだ。

　実際のところ、産業革命期の民衆レヴェルでの経験は、地域や職種によって多様なかたちをとった。一方で、ランカシャの紡績工など工場に雇われて雇用を確保できた比較的裕福な家族が存在している。そこでは、いわゆる消費革命によって刺激された奢侈品を保有する家族もあらわれるなど、長期的にみれば、生活の質は向上していた。また、女性や子どもの賃金を低く抑える一方で、男

イギリスの実質賃金と男性の身長

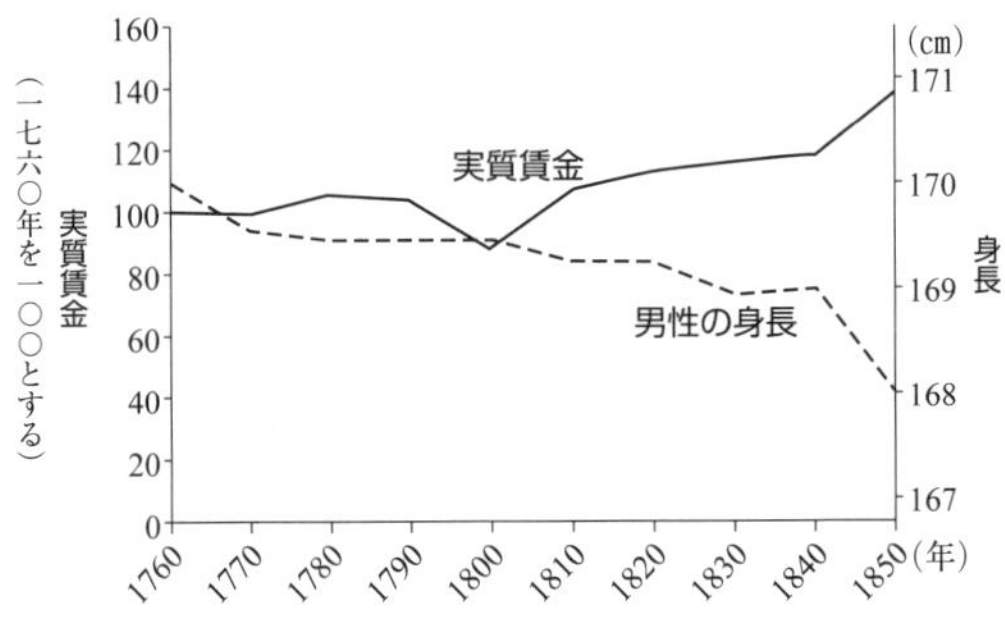

［出典］Emma Griffin, *A Short History of the British Industrial Revolution*, Basingstoke, Palgrave Macmillan(2010)より作成

性労働者の賃金が「家族賃金」化して、妻や子どもを養うに足りる所得に上昇していった。他方で、没落していく手織り職人や南部の農業労働者の家族は慢性的な貧困にあえぐことになった。いわゆる産業革命の「勝ち組」と「負け組」を生み出していたのである。しかし、こうした「勝ち組」と「負け組」という類型に含めることのできる家族は、全体の四〇%を構成しているにすぎず、残りの六〇%は、両者の中間的領域に属して多様な経験を繰り返していたという。

近年、生活水準の指標として実質賃金にかわって注目されているのが、労働者の体格を示す身長の記録である。上の図をみてみよう。賃金の上昇は消費する食糧の増大をもたらすと予想されるが、実際は、十九世紀になって実質賃金は上昇しているのに、男性の平均的な身長が低下していることがわかる。人間の身長は、成長期に摂取した栄養と、労働に必要とされたエネルギーや病気などの条件によって規定されている。労働時間の延長は、身長の発育に不全をもたらす。また都市化によって環境が悪化していたことも影響している。一八五〇年以前の時期には、都市や工業地帯で死亡率が高くなっている点では、見解が一致している。

労働者階級にとっての産業革命のもたらす利益は、極めてかぎられたものであった。実質賃金が上向きに曲線を描くようになるのは、一八七〇年という時期を待たねばならなかった。だが、それもわずかなものにすぎなかった。そのほかの生活水準を示す指標は、労働者が手にしたものを相殺していたことがわかる。平均寿命は、都市では低位にとどまった。幼児の死亡率は高く、身長の伸びは停滞気味で、低下することもあった。こうしてみると、実質賃金のかすかな上昇は、健康や福祉における高度なリスクと比べた場合、わずかな対価にすぎなかったといえる。それは、多くの同時代人にとっては、生活水準の改善や向上という変化を認識できないほどに、日々の暮らしが貧困に満ちていたことを示している。

⑤―世界史のなかの産業革命

イギリス・モデル?

一七〇〇年から一八七〇年にかけて生じたイギリスの産業革命とは、独特な二つの段階から構成されるものであった。十八世紀をつうじて、人口は安定的に成長しながら、都市化によって農業から製造業への産業構造の転換が進み、人びとの勤労意欲も高まっていった。綿業や製鉄業などの一部の産業部門は、技術革新によって成長率が変化した。しかし、国民所得の上昇は緩慢で、労働力構成も安定的であった。全体的にみれば、経済の変化は小規模なもので、それが産業革命の開始を告げるものではなかった。それは、この経済成長が既存の有機物依存経済の枠組みの内部で発生したからである。アークライトの水力を利用した紡績機、河川や馬車によるターンパイク道路など交通網の発達などは、自然に依拠したエネルギー源を活用したものであり、有機物依存経済の状態にあることを示すものとなる。

ところが、十九世紀初頭のある点において、技術革新と結びついたかたちで石炭という化石燃料の使用が大幅に増大する。いわゆるエネルギー革命によって、鉱物依存経済への転換がはかられていったのである。これによって、人口動態の変化・都市化・食糧生産量の増大などが一挙に進展する。それは、これに先だつ五〇年間の経済的発展によって可能となった経済成長のパターンだった。マクロなレヴェルでみた場合、経済成長率では、クラフツらの修正主義者が述べたように、それほど大きな変化を生じさせることにはならなかったのかもしれない。しかし、イギリスの経済や社会の構成という点からすれば、根本的な構造的変化が進行していたのである。産業革命は、その断絶性・革命性がふたたび評価されるようになってきている。

こうした変化の経験の仕方は、地域・ジェンダー・年齢・ライフサイクルなどによって多様なものとなった。工業地帯と農業地帯、都市と農村、男性と女性、老人と若者や子どもたちなど、どのような立場で産業革命を経験するのかによって、「生活水準」の意味するところは異なるものとなった。総じて、人びとの生活水準は、高賃金を実現していたといわれるイギリスにおいてさえ、ごく一部の労働者に恩恵をもたらしたにすぎなかった。したがって、過剰人口をかかえ、低賃金で購買力も限定されていた相対的後進国に位置するヨーロッパ諸国ならびにアジア諸国において、そのもたらした果実は、限定されたものであったといわざるをえないだろう。むしろ、「大いなる分岐」を経験するアジアでは、脱工業化することで生活水準の低下をともなうことになる。産業革命の世界史的意義を論じる場合、底流にあった民衆の姿からその実態をおしはかることが必要となってくる。

ヨーロッパの工業化

これまでの経済史家は、イギリスの産業革命をヨーロッパの工業化の一部として、より広い文脈のなかで考察する傾向があった。大陸諸国に拡大した工業化とは、イギリスの歴史的経験を純粋なかたちで模倣したものとされたのである。アレクサンダー・ガーシェンクロンは、自然発生的に産業化が生じたイギリスとは異なり、ヨーロッパ大陸においては後進性の度合いが工業化の型を決定し、銀行など金融資本と国家によって主導されるものであるとした。▲ヨーロッパ諸国は、フランス・ドイツ・スイス・イタリアなどが「相対的後進国」と

▼ガーシェンクロン・モデル　工業化の後発国は、キャッチアップ過程で先進国の技術を体系的に取り入れることのできる後発性の優位が存在し、その際、政府や銀行などの国家主導の大規模な工業化がはかられるというもの。

ガーシェンクロン・モデルによる資本供給源の相違

段階	先進地域	相対的な後進地域	極端な後進地域
Ⅰ	工場	銀行	国家
Ⅱ		工場	銀行
Ⅲ			工場

［出典］アレクサンダー・ガーシェンクロン（絵所秀紀ほか訳）『後発工業国の経済史――キャッチアップ型工業化論』ミネルヴァ書房（2005年）より作成

分類され、これらの国では、工業化に向けて金融資本が主導的役割を果たした。これにたいして、東欧や南東欧に位置する「極端な後進国」は、体系的な銀行制度が欠如しており、積極的な国家による上からの介入が工業化に向けての刺激を与えることになるという。

　ガーシェンクロン・モデルは、「後進性」ないしは既存の経済的条件（いわゆる「歴史的経路依存性」）に焦点をあてるもので、ヨーロッパの工業化の比較研究に実りある解釈の枠組みを提供するものであった。また、工業化の推進主体としての金融制度や国家の役割を強調する相対的後進性の問題は関心を集めてきた。しかし今日では、ガーシェンクロン・モデルでは見失われてきた問題、すなわち、人口・技術・エネルギーの側面に焦点があてられるようになっている。さらにいえば、ヨーロッパの工業化をイギリスの模範にならった一枚岩的なプロセスをとるものというより、資源の存在や政治的ならびに文化的条件によって規定される独自の工業化への道をたどるという多元的な経路の存在が強調されている。

　人口・技術・エネルギーの観点からするならば、ベルギーやドイツでは、豊富な鉱物資源を基盤として工業地帯の中心が炭田と密接に結びついたダイナミックなかたちをとり、産業革命が進展した。他方で、フランスやイタリアでは、石炭という鉱物資源を欠いていたことにより、十九世紀の末にいたるまで工業化の著しい進展ははばまれた。しかし、十九世紀末から二十世紀初頭かけてエネルギー源の主流が石炭から電気にかわると、フランスやイタリアでは自動車産業や電気産業において目覚しい経済成長をとげることになる。またイギリスにおいては、鉱物資源が豊富で安価、かつ労働者が高賃金であったことで技術集約的な革新が求められていたのにたいして、大陸諸国は石炭資源が高価かつ労働者は低賃金であったことにより、技術革新やエネルギー代替への誘因が弱く、工業化の進展が緩慢であったと説明されている。

アジアの工業化

最後に、ふたたびアジアに目を向けよう。ポメランツとビン・ウォンなどは、一八〇〇年の時点で中国やインドなどの生活水準がヨーロッパのそれと比べて同等なレヴェルで保持されていたことを強調しているが、この見解も近年は修正されてきている。中国の北京や広東での賃金水準は、先進的な西欧にはおよばず中欧や東欧などの水準と同程度であったという。低賃金の過剰な労働力人口をかかえる中国。そのことが意味するのは、可処分所得が少ないため購買力が低く、したがって製造業のための市場規模が小さくなり、技術革新やエネルギーの代替に向けての動機が弱かったことである。同じくインドでも、低賃金の膨大な労働力人口が存在し、しかも彼らは伝統的なモスリン職人にみられるように高い技術水準を誇ったため、代替エネルギーや技術革新への誘因が弱かった。近世アジアの経済発展は、有機物依存経済の枠内での発展であり、それがヨーロッパにたいして優位性を示していたことになる。

もちろん、ヨーロッパとアジアとのあいだには、ガーシェンクロン・モデルが前提とした国家や金融制度の不在という問題が存在しており、事態はより複雑である。そこには植民地主義の問題が複雑にからまり合っているからである。すでにキャッチアップの過程でヨーロッパの植民地主義はアジアにも拡大されつつあったが、「産業革命」という事件によってイギリスをはじめとするヨーロッパが不可逆的な「進歩」へ歩み出したという認識は、この過程を加速していくことになった。「世界の工場」たるイギリスは、インドを植民地化してアジアへの支配を決定的なものとした。アジア諸国は在来の産業を基盤としつつも、この「ウェスタン・インパクト」の影響を受けながら、自国の工業化を推進していかねばならなかった。その点で、近代的国家を確立して、戦争をともないながらも産業革命を成しとげた日本の歴史的経験の意味が、ふたたび問い直されることになろう。

参考文献

T・S・アシュトン（中川敬一郎訳）『産業革命』岩波書店　一九七三年
R・C・アレン（眞嶋史叙・中野忠・安元稔・湯沢威訳）『世界史のなかの産業革命――資源・人的資本・グローバル経済』名古屋大学出版会　二〇一七年
石井寛治『日本の産業革命――日清・日露戦争から考える』講談社　二〇一二年
E・ウィリアムズ（川北稔訳）『コロンブスからカストロまで――カリブ海域史　一四九二～一九六九』岩波書店　一九七八年
大島真理夫編『土地稀少化と勤勉革命の比較史――経済史上の近世』ミネルヴァ書房　二〇〇九年
小野塚知二・馬場哲編『西洋経済史学』東京大学出版会　二〇〇一年
A・ガーシェンクロン（絵所秀紀ほか訳）『後発工業国の経済史――キャッチアップ型工業化論』ミネルヴァ書房　二〇〇五年
川北稔『工業化の歴史的前提――帝国とジェントルマン』岩波書店　一九八三年
G・クラーク（久保恵美子訳）『一〇万年の世界経済史　上・下』日経BP社　二〇〇九年
斉藤修『比較経済発展論――歴史的アプローチ』岩波書店　二〇〇八年
坂巻清『イギリス毛織物工業の展開――産業革命への途』日本経済評論社　二〇〇九年
E・L・ジョーンズ（安元稔・脇村孝平訳）『ヨーロッパの奇跡――環境・経済・地政の比較史』名古屋大学出版会　二〇〇

〇〇年
G・ステッドマン・ジョーンズ（長谷川貴彦訳）『階級という言語――イングランド労働者階級の政治社会史 一八三二〜一九八二年』刀水書房 二〇一〇年
高橋幸八郎編『産業革命の研究』岩波書店 一九六五年
ヤン・ド・フリース（吉田敦・東風谷太一訳）『勤勉革命――資本主義を生んだ一七世紀の消費行動』筑摩書房 二〇二一年
E・P・トムスン（市橋秀夫・芳賀健一訳）『イングランド労働者階級の形成』青弓社 二〇〇三年
D・C・ノース／R・P・トマス（速水融・穐本洋哉訳）『西欧世界の勃興――新しい経済史の試み』ミネルヴァ書房 一九八〇年
P・ハドソン（大倉正雄訳）『産業革命』未來社 一九九九年
A・G・フランク（山下範久訳）『リオリエント――アジア時代のグローバル・エコノミー』藤原書店 二〇〇〇年
E・J・ホブズボーム（浜林正夫・神武庸四郎・和田一夫訳）『産業と帝国』未來社 一九九六年
K・ポメランツ（川北稔監訳）『大分岐――中国、ヨーロッパ、そして近代世界経済の形成』名古屋大学出版会 二〇一五年
J・ラングトン／R・J・モリス編（米川伸一・原剛訳）『イギリス産業革命地図――近代化と工業化の変遷 一七八〇〜一九一四』原書房 一九九〇年
D・S・ランデス（石坂昭雄・富岡庄一訳）『西ヨーロッパ工業史――産業革命とその後 一七五〇〜一九六八』みすず書房 一九八〇、八二年

E・A・リグリィ（近藤正臣訳）『エネルギーと産業革命――連続性・偶然・変化』同文館　一九九一年

Robert C. Allen, *The Industrial Revolution: A Very Short Introduction*, Oxford: Oxford University Press, 2017.

Christopher Bayly, *The Birth of the Modern World, 1780-1914: Global Connections and Comparisons*, Malden, Mass.: Blackwell Publishing, 2004.

Sven Beckert, *Empire of Cotton: A Global History,* New York: Vintage Books, 2014.

Maxine Berg, *Luxury and Pleasure in Eighteenth-Century Britain*, New York: Oxford University Press, 2004.

Emma Griffin, *A Short History of the British Industrial Revolution*, Basingstoke: Palgrave Macmillan, 2010.

Jack A. Goldstone, *Why Europe?: The Rise of the West in World History, 1500-1850*, Boston: McGraw-Hill Higher Education, 2009.

Jeff Horn, *The Industrial Revolution*, Westport, Conn.: Greenwood Press, 2007.

Jeff Horn, Leonard N. Rosenband, and Merritt Roe Smith(eds.), *Reconceptualizing the Industrial Revolution*, London: MIT Press, 2010.

Jane Humphries, *Childhood and Child Labour in the British Industrial Revolution*, Cambridge: Cambridge University Press, 2010.

Joseph E. Inikori, *Africans and the Industrial Revolution in England: A Study in International Trade and Economic Development*, Cambridge: Cambridge University Press, 2002.

Eric L. Jones, *Locating the Industrial Revolution: Inducement and Response*, Singapore: World Scientific, 2010.

Steven King and Geoffrey Timmins(eds.), *Making Sense of the Industrial Revolution: English economy and society, 1700–1850*, Manchester, U.K.: Manchester University Press, 2001.

Beverly Lemire, *Cotton*, Oxford: Berg, 2011.

Christine MacLeod, *Heroes of Invention: Technology, Liberalism and British Identity, 1750-1914*, Cambridge: Cambridge University Press, 2010.

Joel Mokyr, *The Enlightened Economy: Britain and the Industrial Revolution, 1700-1850*, London: Penguin, 2009.

Prasannan Parthasarathi, *Why Europe Grew Rich and Asia Did Not: Global Economic Divergence, 1600-1850*, Cambridge: Cambridge University Press, 2011.

Christine Rider (ed.), *Encyclopedia of the Age of the Industrial Revolution, 1700-1920*, Westport, Conn.: Greenwood Press, 2007.

Jean-Laurent Rosenthal, R. Bin Wong, *Before and Beyond Divergence: The Politics of Economic Change in China and Europe*, Cambridge, Mass.: Harvard University Press, 2011.

Roman Studer, *The Great Divergence Reconsidered: Europe, India, and the Rise to Global Economic Power,* Cambridge: Cambridge University Press, 2015.

Roy Bin Wong, *China Transformed: Historical Change and the Limits of European Experience*, Ithaca: Cornell University Press, 1997.

E.A. Wrigley, *Energy and the English Industrial Revolution*, Cambridge: Cambridge University Press, 2010.

図版出典一覧

Robert C. Allen, *The British Industrial Revolution in Global Perspective*, Cambridge, Cambridge University Press, 2009. 49
Jeffery A. Auerbach, *The Great Exhibition of 1851: A Nation on Display*, London, Yale University Press, 1999. 9上, 9中, 9下
Edward Baines, *History of Cotton Manufacture in Great Britain*, London,1835. 65
Thomas Clarkson, *The History of the Rise, Progress & Accomplishment of the Abolition of the African Slave-trade by the British Parliament*, Philadelphia, 1808. 40
Beverly Lemire, *Cotton*, Oxford, 2011. 25
Arnold J. Toynbee, *Lectures on the Industrial Revolution in England*, London, 1884. 10
Jenny Uglow, *The Lunar Men: The Friends who Made the Future*, London, 2002. 45下
Emma Griffin, *A Short History of the British Industrial Revolution*, Basingstoke, 2010. 46右, 46左, 55上, 55下, 59上, 59中, 69
ユニフォトプレス提供 カバー表, カバー裏, 扉, 48, 51上, 51中, 51下, 58

世界史リブレット116
産業革命《さんぎょうかくめい》
2012年11月30日 1版1刷発行
2021年9月5日 1版7刷発行
著者：長谷川貴彦《はせがわたかひこ》
発行者：野澤武史
装幀者：菊地信義
発行所：株式会社 山川出版社
〒101-0047 東京都千代田区内神田1-13-13
電話 03-3293-8131(営業) 8134(編集)
https://www.yamakawa.co.jp/
振替 00120-9-43993
印刷所：明和印刷株式会社
製本所：株式会社 ブロケード
 ISBN978-4-634-34954-4

世界史リブレット　第Ⅲ期［全36巻］

〈白ヌキ数字は既刊〉

93 古代エジプト文明 —— 近藤二郎
94 東地中海世界のなかの古代ギリシア —— 岡田泰介
95 中国王朝の起源を探る —— 竹内康浩
96 中国道教の展開 —— 横手　裕
97 唐代の国際関係 —— 石見清裕
98 遊牧国家の誕生 —— 林　俊雄
99 モンゴル帝国の覇権と朝鮮半島 —— 森平雅彦
100 ムハンマド時代のアラブ社会 —— 後藤　明
101 イスラーム史のなかの奴隷 —— 清水和裕
102 イスラーム社会の知の伝達 —— 湯川　武
103 スワヒリ都市の盛衰 —— 富永智津子
104 ビザンツの国家と社会 —— 根津由喜夫
105 中世のジェントリと社会 —— 新井由紀夫
106 イタリアの中世都市 —— 亀長洋子
107 十字軍と地中海世界 —— 太田敬子
108 徽州商人と明清中国 —— 中島楽章
109 イエズス会と中国知識人 —— 岡本さえ
110 朝鮮王朝の国家と財政 —— 六反田豊
111 ムガル帝国時代のインド社会 —— 小名康之
112 オスマン帝国治下のアラブ社会 —— 長谷部史彦
113 バルト海帝国 —— 古谷大輔
114 近世ヨーロッパ —— 近藤和彦
115 ピューリタン革命と複合国家 —— 岩井　淳
116 産業革命 —— 長谷川貴彦
117 ヨーロッパの家族史 —— 姫岡とし子
118 国境地域からみるヨーロッパ史 —— 西山暁義
119 近代都市とアソシエイション —— 小関　隆
120 ロシアの近代化の試み —— 吉田　浩
121 アフリカの植民地化と抵抗運動 —— 岡倉登志
122 メキシコ革命 —— 国本伊代
123 未完のフィリピン革命と植民地化 —— 早瀬晋三
124 二十世紀中国の革命と農村 —— 田原史起
125 ベトナム戦争に抗した人々 —— 油井大三郎
126 イラク戦争と変貌する中東世界 —— 保坂修司
127 グローバル・ヒストリー入門 —— 水島　司
128 世界史における時間 —— 佐藤正幸